湖南省高校思想政治工作研究项
标识设置现状及对策研究"（项目编

高职院校
安全管理
理论与实践

◎梁 伟 刘骞 著

湖南师范大学出版社
- 长沙 -

前　言

伴随着高等院校体制化改革和后勤社会化发展，高等院校已不再是一个"象牙塔"，而是逐渐成为一个开放型的"小社会"。高等职业教育相对其他类型的教育类型来说，与社会的联系更为紧密，也更容易受到各类不安定因素的影响。高等职业院校校内人员性质多样，校园周边治安环境复杂等因素都影响着高等职业院校的安定和谐。同时，全球化浪潮的迅速蔓延，使各个国家以及各个民族文化和观念相互碰撞，部分发达国家借助电影等媒体传播西方生活方式和价值观念，给高职院校师生的思想观念造成了前所未有的冲击，影响了高等职业院校师生的价值判断标准，极易造成理想信念缺失等问题，也给高等职业院校的安全问题带来了严峻的挑战。

针对高等院校安全的严峻形势，党和国家提出了"平安校园"建设的目标。伴随"平安校园"建设的实践与探索，高等院校的安全管理体系建设取得了极为显著成效，在一定程度上维护了高等院校校园的和谐与平稳，提高了师生的满意度和安全感。然而，面对当前高职院校安全形势的新挑战和新问题，以及党和人民对校园安全的新期待和新要求，怎样提高高职院校安全管理体系整体效能，更好地满足"平安校园"建设要求与建设标准，进而服务于"平安校园"的价值目标，是高等职业院校安全管理研究的重要课题。

因此，尝试"平安校园"视角下高等职业院校安全管理管理研究，既是面对当前安全形势新挑战和新问题的应有之义，也是服务于"平安校园"建设目标的重要要求。本著作从高职院校实训安全管理、食堂安全管理、信息安全管理、公寓安全管理、顶岗实习安全管理、突发事件应对策略等方面对高职院校安全事件发生的原因、安全事件的类型，以及安全事件的处置措施进行分析，以期打造高职院校安全管理共同体，健全高职院校安全管理体系运行机制，提高高职院校安全管理体系科技水平，加强高职院校安全管理体系队伍建设，完善高职院校突发事件应急管理机制，进而建立高职院校安全管理的事前预防体系，加强事中控制能力，完善事后处理策略，从根本上减少高职院校安全事故发生的可能性，提升安全事故的处理能力。针对目前高等职业院校安全管理体系存在的问题，提出优化和完善的具体措施，有利于拓宽高职院校校园安全的研究领域，丰富和完善高职院校安全管理研究的广度和深度。

编　者

2022年10月

目 录

第一章　高职院校安全管理理论分析　　　　　　　　003
第一节　研究理论依据　　　　　　　　　　　　　004
第二节　高职院校安全管理的基本原则　　　　　　008
第三节　高职院校安全管理的构成要素　　　　　　012
第四节　高职院校安全管理面临的挑战　　　　　　020
第五节　高职院校安全管理的路径选择　　　　　　025

第二章　高职院校校内实训安全管理研究　　　　　　037
第一节　高职院校校内实训安全管理存在的问题　　038
第二节　高职院校校内实训安全管理的基本原则　　043
第三节　高职院校校内实训安全事故的防范机制　　046

第三章　高职院校食堂安全管理研究　　　　　　　　053
第一节　高职院校食堂安全管理内涵分析　　　　　054
第二节　高职院校食堂安全因素分析　　　　　　　059
第三节　高职院校食堂本质安全管理评价体系的建立　077

第四章　高职院校信息安全管理研究　　　　　　　　081
第一节　信息安全管理的定义和意义　　　　　　　082
第二节　高职院校信息安全评价方法　　　　　　　086
第三节　高职院校信息安全治理建议　　　　　　　092

第五章　高职院校公寓安全管理研究　　095
第一节　高职院校公寓安全管理的现状分析　　096
第二节　高职院校公寓安全事故的处置措施　　104
第三节　高职院校公寓安全管理的对策分析　　116

第六章　高职院校顶岗实习安全管理研究　　123
第一节　高职院校顶岗实习现状研究　　124
第二节　高职院校顶岗实习管理工作分析　　127
第三节　高职院校顶岗实习安全管理主要策略　　137

第七章　高职院校突发事件对策研究　　143
第一节　高职院校突发事件的调研分析　　144
第二节　高职院校突发事件的成因分析　　158
第三节　高职院校突发事件的应对策略　　165

第八章　高职院校安全管理信息化研究　　175
第一节　高职院校安全管理信息系统开发背景与价值　　176
第二节　高职院校安全管理信息系统相关技术与理论　　179
第三节　高职院校安全管理信息系统设计　　187

参考文献　　193
附录一：调查问卷　　194
附录二：访谈提纲　　197

第一章 高职院校安全管理理论分析

第一节　研究理论依据

进入 21 世纪之后，我国的治安环境一直稳中向好，人民群众的安全感与幸福感大幅提升，被国际媒体评选为世界上最安全的国家之一。高等职业教育作为高等教育的重要组成部分，相对其他类型的教育形式来说，与社会的联系尤为紧密，使得高等职业院校更容易受到各类不安定因素的影响。当前，错综复杂的社会矛盾有向大学校园，特别是向高等职业院校转移的迹象。内部的与外部的、现代的与传统的、现实社会的与网络虚拟的各类不安定因素严重影响了高等职业院校的治安环境。

高等职业院校作为我国人才培养和输出的重要阵地，在经济建设和社会发展的过程中起着至关重要的作用。同时，高等职业院校的安全管理也是创新社会治理采取的必要举措之一。通过整理相关文献，笔者发现现有的研究成果主要集中于高等职业院校的管理制度、管理对策、管理机制等领域，关于高等职业院校安全管理体系构建的相关成果则极为有限。所以，本研究以协同学和治理理论为理论基础，以"平安校园"建设为研究视角，针对目前高等职业院校安全管理体系存在的问题，提出优化和完善的具体措施，有利于拓宽高职院校校园安全的研究领域，丰富和完善高职院校安全管理研究的广度和深度。

从实践中来看，"平安校园"的建设已经持续多年，高职院校安全管理体系也得到了长足的发展，为维护高职校园的安全稳定发挥了十分重要的作用，但在技术支撑、队伍建设等领域还存在着一些不足。所以本研究在梳理归纳相关研究文献，以及实地走访全国众多高职院校保卫部门和师生员工的基础上，系统地分析和借鉴了高职院校安全管理的实践经验，提出了高职院校安全管理体系的建设途径，进而有利于将理论与实际联系，更加适应"平安校园"建设的要求及其现实需要，有针对性地解决高职院校安全管理体系中存在的不足，对于达成"平安校园"的建设目标具有十分重要的意义。[1]

一、治理理论

英文中的"治理"源自古典拉丁文和古希腊语，意思是控制、引导和操纵。长久以来，这个术语与"统治"这个词语是部分交叉的，专门用于实施与"国家公务"相关的宪法和法律，或者是管理各类利益相关的特殊部门和行业。作为执政学说的重要代表，詹姆斯·N·罗西瑞指出，"治理"和"统治"之间存在很大的区别。他把"治理"定义为一种在一定活动范围内的管理机构，即使是一种非正规的行政机构，也能够起到重要作用。在不同的"治理"概念中，最具代表性和权威性的是1995年全球治理委员会给出的定义。在《我们的全球伙伴关系》的一项调查中，该机构对"治理"进行了界定，即由不同的公众或私营的个体与组织，通过多种途径来处理他们的共同的工作，是一个能够协调各类矛盾或分歧并共同行动的进程。

英国社会学者波兰尼于1951年在其著作《自由的逻辑》中首先提到了多个中心治理的概念。波兰尼指出，在多个核心的秩序下，各个活动单元都是彼此独立的，它们可以自由地寻求自身的兴趣，也可以互相调整，受到具体的规范约束，并且在整个社会的基本法则系统里寻找它们的位置，使它们彼此之间的联系得到统一。奥斯特罗姆夫妇是波兰尼多中心思想的继承人，通过对波兰尼思想进行大量的经验分析，得出了"二分法"的结论，即"社会问题的解决方法"与实际情况相违背，并且有可能出现由国家和市场以外的地方达成自治。在这种理论与实践的探讨中，"治理"被认为是一种全新的、有别于"统治"的新的政治文化与学术范例。在学术界的论述中，"治理"与"统治"存在着五种不同：一是权威主体是一元还是多元；二是权威性质是强制还是强制与协商的结合；三是权威来源是法律还是法律与自愿

---

[1] 安博.平安校园建设视域下的高校学生安全管理研究[J].吉林省教育学院学报,2022,38(06):49-52.

契约的结合；四是权力运行是自上而下还是多向度的，以及所涉及公共事务范围的广度。在这一区分的引导下，从统治走向治理当是人类政治发展的普遍趋势。[1]

"治理现代化"是当前我国在社会变革和秩序建设过程中所形成的一种地方政府管理方式，它倡导全社会的积极参加，构建人人有责、人人尽责、人人享有的和谐社会管理共同体，对高职院校安全管理体系的构建产生了很大影响。在管理对象上，由于其内容的复杂性，其主体呈现出多样性，社会组织和公安机关也是其主要的社会组织；在治理对象上，高职院校安全不仅属于大学治理的重要组成部分，而且在一定程度上影响到社会治理平稳，因而高职院校安全管理也属于创新社会治理工作的范畴；在管理过程中，高职院校安全的内涵广泛，所以需要采用多种方式相结合的综合管理，既要注重管理，也要注重教育与服务；在治理过程中，高职院校内部各部门需要改变以往各自为政的困境，加强部门间的合作与协商，提高高职院校安全管理精细化水平，共同致力于维护校园安全稳定，打造共建共治共享的管理格局。

二、协同学

协同学是20世纪70年代以来在多学科研究基础上逐渐形成和发展起来的一门新兴学科。它的创立者是德国斯图加特大学教授、著名物理学家哈肯，他在1971年发表的《协同学：一门协作的科学》一文中提出了协同的概念。他认为，自然界存在着各类各样不同时间、空间跨度的系统，结构千差万别，尽管它们的属性不同，但在整个环境中，各个系统间存在着相互影响而又相互合作的关系，同时也存在着一系列不平稳与平稳的相互转换。在1976年出版的《协同学导论》一书中，哈肯运用突变理论的成果，系统地论述了协同学；1983年出版《高等协同学》一书，标志着协同学从微观理论走向成熟。协同指的是协同作用，协同作用所产生的结果可称为协同效应，这种效应指的是开放系统中大量子系统相互作用而产生的整体效应或集体效应。无论在自然界中或是社会中，都存在着结构千差万别的各类各样的系统。不管在系统间，还是在系统内部，均存在着协同作用。但协同效应能否在系统内发挥，取决于两个因素：一是系统内部各子系统能否发挥协同作用，二是子系统内组成要素能否发挥协同作用，只有两个方面都协同好，

---

[1] 邱浩. "平安校园"建设视角下高校安全管理体系构建研究[D]. 北京：中国人民公安大学.

系统的整体性功能才能充分发挥作用，才能达到整体功能大于部分功能之和的效果。如果各子系统在运动中不发生任何相互作用，则说明这是不存在协同作用的"混乱"或"无序"状态。由于协同学既能反映不同系统在临界过程中的共同特征，又能结合具体现象描述出它的转变规律，所以具有广泛的适用性。目前，协同学在天文学、气象学、人口学、社会学、经济学、语言学以及管理科学等领域有着广阔的应用前景。协同学作为一门以研究完全不同的学科中共同存在的本质特征为目的的横断学科，引起了不同专业领域学者的广泛关注。

第二节　高职院校安全管理的基本原则

"安全"这个词语源自拉丁语"securitas",希腊文表示"完整"。当前学术界对"安全"的定义尚未达成完全共识。人们普遍认为,没有绝对的安全。以哈佛大学校长劳伦斯为例,他把"安全"界定为不超出容许限度的风险,即一般意义上的未受伤害的风险或较小的可能性。霍巴特大学的罗林博士认为,所谓的安全指的是不超出容许范围的风险。在《英汉安全专业术语词典》中,安全指的是所允许的危险水平,不会受到伤害或伤害的可能性。在《汉语大词典》中,"安全"一词的含义为:一是平安,没有危险的状态;二是保全,保护。综上所述,安全指的是不受威胁,没有危险、不出事故;不存在危险、危害的隐患;或者免除了不可接受的损害风险的状态。

根据安全的定义,笔者认为高职院校安全指的是高职院校校园及周边环境完全没有危险,同时不存在安全隐患的状态。对于高职院校安全内涵的理解,应该着重把握以下几个方面:

第一,在总体国家安全观的超高视野下,高职院校安全属于一个大安全观的概念,其内涵十分丰富。高职院校安全既包含狭义的校园内部治安良好的安全理念,又包含广义的覆盖食品、消防、后勤、交通、信息等多方面的概念。

第二,高职院校校园安全作为公共安全的组成部分之一,其内涵暂时没有完全统一的定论,但是一般都离不开公共安全所包含的主体、客体、内容三个领域。

第三，目前我国高职院校面临的安全影响因素日趋增多，高职院校安全管理的内涵和外延展现了不断拓展的趋势，非传统领域安全问题逐渐凸显，所以也有与传统安全理念不同的特点和管理需求。

第四，作为一个综合性的概念，由于研究者的侧重点不同，高职院校安全的内涵也有所不同。从主体的角度，高职院校安全包含高职学生安全以及教职工安全，但关键和核心是高职学生群体的安全；从管理内容的角度，高职院校安全涉及科研、教学与管理等众多领域，小到宿舍管理，大到犯罪行为，都属于高职院校安全管理的范畴；从性质的角度看，高职院校安全可以分为积极的高职院校安全和消极的高职院校安全；等等。

管理是起源较早的一种人类社会实践行为，是人类各项社会活动中最主要的行为之一。人类必须构建集体来达成个人无法达成的目标，在共同劳动和生活中达成各类社会共识。为了保障集体活动和社会组织的效率、效果与和谐，必须依靠管理行为来有效地协调个体活动。所以，每个集体或者组织都需要进行管理活动。管理活动是一种普遍存在于全世界各地人类中的一种共性的社会行为。但是究竟如何定义管理，学者们并未达成共识。法约尔等人认为，管理就是指挥、计划、组织、协调，以及控制的行为活动；西蒙等人认为，管理活动的重点在于决策，决策行为贯穿了管理活动的全过程。总之，西方管理领域的研究学者比较统一地认为，管理活动是为了达成预期目标而组织或使用物力、财力以及人力等各类资源的活动过程。[1]

国内众多研究者对管理的定义有以下几种。部分研究者认为，管理就是管理人员通过制定计划、组织实施、技术指导、进度控制等行为来协调他人的集体活动，一起达成既定共同目标。另外一些研究者认为，管理是通过组织、约束、激励、计划和执行等环节来协调人力、物力和财力资源，以期更好地达成组织目标的过程。此外，还有一些研究者认为管理就是对社会行为总过程各环节的活动进行计划、指挥、决策、监督、组织、调节及核算。不同领域的研究者对管理的定义有不同的描述，但并没有本质的矛盾，他们仅仅是从不同的角度剖析了管理的不同层面。在汇总国内外学者各类观点的基础上，本著作对管理作出如下定义：所谓的管理，就是在某些特定环境下对集体所拥有的资源开展有效的计划、组织、沟通和约束，

---

[1] 冯广辉.加强高校安全保卫工作的重要性分析——评《新时期高校安全保卫工作创新研究》[J].中国教育学刊,2022(06):137.

以期达成特定集体目标的行为过程。

前期通过梳理诸多相关研究文献及资料，笔者发现理论学界在高职院校安全管理体系的定义上，也暂时没有确定统一的概念。大多学者将高职院校安全管理体系等同于高职院校安全管理或者高职院校安全管理机制，是为维护高职院校正常的教学、科研，以及生活秩序，保障广大师生员工的生命和财产安全而开展的一项专业工作。但是体系作为在某一领域内，同类或者相似事物按照一定的规则和内部秩序组合而成的系统集合，其定义与内涵必然与高职院校安全管理有所不同。综上所述，有必要将高职院校安全管理体系界定为以维护校园安全稳定为核心目标，高职院校安全管理部门与相关人员组建安全管理机构，制定安全管理规划，对学校可能出现的和现实中已经发生的危险因素进行应对、预防、组织、实施及协调的系统性工程。

一、统一指挥原则

系统理论认为，所有的系统都可以分为若干子系统。高职院校安全管理体系作为一个系统工程，内部也包含了诸多子系统或者因素。只有体系内各个子系统或因素相互协调合作，才能达成整体功能大于部分功能的效果。但是随着组织系统内部环境和外部环境的改变，其内在结构与外在形式也会产生一定程度变化，形成"无序"和"混沌"状态。所以有必要建立权威的管理机构，使得各个子系统之间既能够协同合作，又能在一致管理的基础上采用公共利益最大化，达成彼此之间相互依赖与依存的关系，进而增加彼此"临界值"的积累，达成系统整体职能大于局部职能的最佳效果。

二、协调联动原则

在高职院校安全管理体系运行过程中，内部各个子系统间存在着一定规模的非线性相互影响。为了达成系统内部从无序向有序的渐进式变化，达到协同发展的最终目的，在高职院校安全管理的各个阶段或部分阶段，各部门都应加强协调配合，达成各个部门资源的优化分配和柔性组合。与此同时，高职院校安全管理体系作为一个开放性的系统，要不断与外界进行信息和物质交换，从而保证系统的正常运转，所以高职院校也应该重视外部资源的有机整合和充分利用。通过协商与沟通、协调与联合，广泛调动各类资源和各类力量，达成管理体系的自我激励、自我完善和自我约束。

三、预防为主原则

在安全事故发生之后进行紧急处理，虽然事后可以总结教训和经验，但是这些教训和经验仅能预防类似事故的再次发生。这种"亡羊补牢"和"就事论事"的安全管理方式已经不能满足高职院校安全管理的现实需要，并且会使高职院校安全管理人员的全部精力陷入"处理事故—再处理事故"的被动循环之中。所以，要达成全面预防，首先必须达成主动式预防，也就是在校园安全事故发生前就及时采取措施。高职院校安全管理体系应该建立在主动风险管理基础之上，重点将安全风险置于管理机构的控制之中，而不是在出现严重事故之后采取事后补救措施。所以要注意辨别危险因素，将问题消灭在萌芽状态，有效防止事故的发生和事态的严重化，以免给师生造成更大伤害，真正达成主动式预防。

四、人本管理原则

人本管理指的是在管理过程中，坚持以人为中心，一切从人本身出发。为了达成以人本身为中心的管理目标，就需要在管理体系构建过程中，以师生安全作为出发点和落脚点，将人本原则贯穿管理行为的始终。主要体现在：一方面，将师生主体的满意和不满意、高兴和不高兴作为评价高职院校安全治理成果的最高标准，坚持师生的主人翁地位，提高师生群体的满意度和安全感；另一方面，在各项机制和制度的建立和执行过程中，以维护全体师生的生命安全和人格尊严为立足点，达成秩序和自由的均衡，回归"平安校园"建设的价值本质。

第三节　高职院校安全管理的构成要素

一、安全管理主体

安全管理主体是高职院校安全管理体系中最主要的组成要素。它可以是单独的安全管理者，也可以是由安全管理群体构成的安全管理组织。高职院校安全管理主体作为高职院校安全管理的实施者与参与者，具有广泛性、多样性和社会性等众多特点。为了达成协同管理，多元主体需要加强沟通和协作，形成分工合作、齐抓共管的崭新局面，真正形成管理合力。

一是高职院校党委。在我国当前的行政管理体系中，党委是高职院校各项行为的组织者与管理者，有统筹领导、规划协调的重要职能，是高职院校管理现代化的重要政治保障。《中华人民共和国高等教育法》规定了高等院校实行党委领导下的校长负责制，也就是由校党委统一领导学校安全保卫工作。党委领导下的安全管理制度为高职院校安全管理体系运行提供了保障，也取得了非常显著的保障效果，创造了和谐平稳的校园环境，充分展现了中国特色。所以，构建高职院校安全管理体系建设必须坚持党委有力领导、统一部署，与学校全局工作统筹安排，对全校师生安全工作全面负责。

二是高职院校保卫部门。高职院校保卫部门是专门进行高职院校保卫工作的重要职能部门，是高职院校行政部门的组成部分，在高职院校党政领导下开展工作，同时接受公安机关的领导和监督，承担着治安防范、政治平稳、交通管制、消防监督、安全教育等基本职能。由此可见，高职院校保卫部门是维护高职院校安全稳定，保证校园和谐的重要支撑力量。所以需要充分发挥高职院校安全管理部门的职能作用，积极推进保卫部门职能转换，加强对学校安全稳定工作的监督领导和对各管理部门工作的统筹协调。

三是公安机关。公安机关是社会治安综合管理的核心力量，也是维护社会秩序平稳团结的重要支柱。大学生作为国家经济未来发展的重要基石，也是公安部门重点保护的对象，所以公安机关应该重点打击侵害师生权益的违法犯罪行为，确保师生生命财产安全不受侵害。各级公安机关要加强对高职院校治安保卫工作的监督、指导、督查，确保学校继续加强安全保卫组织建设。公安机关在以安全管理部门为主导的高职院校安全管理体系运行环境中发挥着极其重要的监督与指导职能，也是国家法律规定的重要参与力量。

四是校属其他部门和师生。校属其他部门和师生既是高职院校安全管理的对象，同时也是安全管理的重要参与者。高职院校安全管理形势错综复杂，工作内容多样，单独依靠保卫部门和公安机关等相对单一的主体，难以达成对高职院校安全风险和挑战的治理效果。针对当前安全保卫力量紧缺的现实，高职院校师生在高职院校安全管理体系运行环境中发挥了重要的基础性保障作用，逐渐成为安全管理力量的重要补充。治理理论强调了多元共治和多主体参与的重要性，高职院校安全管理体系建设更应该注重调动广大师生员工的主动性同时也是治理理论的必然要求。

五是社会力量。多中心治理理论指出政府和市场以外存在着社区自主治理的可能性，所以除了高职院校本身之外，各个社会组织、企事业单位等社会力量也需要成为高职院校安全管理的新主体。社会力量参与高职院校安全管理，是高职院校管理需求多元化的需要，也符合公共安全治理的全新思路，发挥了排忧解难、化解矛盾的作用，加强了对高职院校及周边不平稳因素的管理和预防。所以高职院校安全管理中应该注意引入社会力量，为高职院校安全管理工作带来全新气象。[1]

---

[1] 赖汉江,郑俊杰,陈志波,等.新加坡南洋理工大学实验室安全管理及启示[J].实验技术与管理,2022,39(05):250-254.

二、安全管理对象

高职院校安全管理对象也就是高职院校安全管理工作的客体，主要指高职院校安全管理主体直接影响或者作用的对象，包含人、物、环境等众多方面。高职院校安全管理客体具有特定的含义。厘清高职院校安全管理客体，有利于把握客体的客观发展规律，下面进行具体介绍：

第一，人。与其他要素相比，人是高职院校安全管理体系中最活跃和最复杂的要素，是各类不安全行为的主要实施者。实际上，作为高职院校安全管理客体的人，不论是保卫部门还是师生员工，其作为客体或主体是相对的。对于学校教学设施的安全管理来说，高职院校的师生是主体。但所有师生必须接受高职院校保卫部门的管理和监督，所以他们同时也是客体。高职院校保卫部门是管理全校师生和员工的主体，同时也是高职院校党委领导下的客体。在个别情况下，作为客体的高职院校师生可以参与高职院校的安全管理中，促使管理更加科学高效，所以高职院校师生既是主体又是客体。

第二，物。物作为高职院校安全管理的客体，指的是由高职院校保卫部门予以限制、保护或者取缔的物品。这些物品主要包含如下几类：第一类是容易成为不法侵害对象，需要予以重点保护的物品，例如高职院校的科研设备和实训设备等；第二类是容易造成高职院校安全事故的工具，例如管制刀具等；第三类是容易诱发违法犯罪行为的物品，包含非法录音录像、非法书籍等。

第三，地。地指的是高职院校频繁发生安全事故、治安事件的地区，具有一定空间的特征和属性。针对安全程度的差别，可以将地区分为普通地区和重点地区。普通地区指的是各要素能够平稳运行的地区；重点地区指的是需要重点控制的地区，主要包含高职院校实验室、操场、体育场以及学生宿舍。

第四，事。在高职院校安全管理客体体系之中，人是"事"的主体、空间或时间是"事"发生的时空、物是"事"发生的承载、信息是"事"发生的内容。所以，事作为高职院校安全管理客体，指的是高职院校内外表现出的与校园治安问题或治安秩序相关的各类事情、事态，具体表现为刑事案件、治安案件、安全事故和群体性事件等。

第五，环境。人和物的运动都是在环境中运行，环境因素的变化经常是校园安全事故的引发原因。环境作为安全管理体系的组成要素，是存在于社会组织内部和外部的影响管理效果和管理实施的各类力量、条件以及因素的总和，包含外部环境与内部环境两种，本书主要指内部环境。针对校园环境的管理，应该根据实际情况，使用科学方式对可能存在的风险进行评估，进而制定对应的改进方案，防患于未然。

第六，信息。信息是事物运行的方式或状态以及关于事物运动方式或运动方式的反馈，具有存储性、共享性、时效性、传输性等特点。高职院校安全管理的客体信息，指的是对高职院校安全管理工作以及相关事务运行状态的客观反映，既有信息的一般属性，又有自身的独特属性。为了维护校园秩序的稳定，预防危险事故的发生，高职院校保卫部门应重视对治安信息的搜集、处理、分析等，防患于未然。

三、安全管理手段

安全管理手段是高职院校安全管理主体为了达成安全管理的目标，对客体施加影响力的一系列行为、措施、方法、方式的总和，既包含安全设施等强制手段，也包含校园文化等软性约束，一同推进校园和谐稳定目标的达成。

第一，安全防范措施。安全防范措施包含人防、技防、物防和管理制度等多个方面，人防是最传统的安全防范措施，承担着"巡逻、接警、门卫和事故处理"的职能，还承担对技防和物防的管理和应用。技术防范是事先防范、及时发现犯罪行为的有效举措，也是实体防范与实物防范的加强与延伸，能够加强安全防范的技术含量，拓展高职院校安全管理的时空范围。物防包含教育教学设施以及配套的安全设施，主要功能是通过搭建实物防范设施，有效防范重大灾害事件的发生，提高犯罪分子的违法成本。物防、技防和人防各有所短，也各有所长，都是预防违法犯罪行为所必须的，只有联合起来、协同作战，才能保证校园环境的长治久安。

第二，信息管理系统。信息管理是对师生安全相关信息和数据进行搜集、整理、存储、分析和使用的工作过程。建立高效、协同、可靠的信息管理系统是搭建高职院校安全管理体系的主要动力与关键环节。具体方法包括：首先，信息管理系统运行的第一步是信息的获取，所以通过各类渠道搜集全面可靠的信息是信息管理系统工作的基础，信息的质量以及信息系统的工作质量很大程度上取决于所搜集信息的完整性与真实性。其次，信息管理系统并非数据仓库，还需要对搜集的信息进行综合处理和分析。运行良好的信息管理系统除了要保证信息搜集的完整性，还要具备深入开展数据研判与分析的功能，能够对高职院校安全形势进行评估，对校园安全风险进行警示，并进一步判断确定主要风险来源与风险的危害程度，进而提出化解安全风险的建议和对策。

第三，校园安全文化。校园安全文化是教师文化、学生文化、教育文化互相作用的综合体，也是开展心理疾病预防的重要措施。塑造良性的校园文化，有助于营造"我要安全"的校园文化氛围，构建平安校园建设的柔性环境。校园安全文化可分为物质、精神、制度三个维度。这三个维度是不可分离、互为表里的共同体，精神层是物质层与制度层的精神内涵，是校园安全文化的灵魂与核心；制度层约束和规范着精神层与物质层的构架，是校园安全文化的脊梁，如果没有严格的制度约束，校园安全文化的构建就无从谈起；物质层是校园安全文化的外部衍生物，是制度层与精神层的物质载体，反映了校园安全文化的发展水平。

四、安全管理内容

安全管理内容包含安全政策、风险管理和安全保证三个层面，贯穿了安全管理体系运行的各个环节，是安全管理体系构建的基础元素。

（一）安全政策

安全政策作为体系的基本构成元素，是校园安全管理工作的依据和指导，也是安全管理体系职能的集中展现。优良的安全管理政策是保证各元素按照统一的目标和方向运行的关键。

安全管理目标。美国管理学家彼得·德鲁克在《管理实践》一书中提出了目标管理的概念。对于组织来说，目标是管理活动的起点和终点。因此，为了实现高职院校合理有效的安全管理，在制定目标时应注意以下几个方面：第一，要注意目标的策略和层次。既要有宏观长远目标，又要有阶段性目标；第二，各级安全管理目标应建立在科学分析的基础上；最后，根据组织体系层级和部门，逐步下达总目标，并逐级实施，直至每个具体人员，包括部门目标、班级目标、岗位目标等，形成自上而下的目标体系。

安全管理政策。政策是一个组织为完成某项任务而制定的行为准则。在实施安全方针、实现安全目标的过程中，安全管理政策对法律、法规和措施的制定起着指导和规范作用，而法律、法规和措施又反过来制约着安全管理政策。政策应该随着形势的变化随时调整，否则就不能起到指导作用。因此，科学及时的安全政策对指导和帮助高职院校开展安全管理工作、制定安全管理方案具有重要作用。

组织体系。合理设置组织内部结构，明确管理组织的职责，是组织成功运作和目标实现的根本保证。健全的组织体系应当有合理的组织结构和明确的责任制。由于组织管理水平受组织规模和管理范围的影响，在规模确定的情况下，组织管理水平与组织规模成正比，与管理范围成反比。管理水平与管理范围的反比关系决定了管理组织结构的两种基本形式：扁平结构和锥形结构。高职院校安全管理组织结构的设计应尽可能综合两种基本组织结构形式的优点，克服其局限性。

制度合规性。制度合规性是指高职院校制定校园安全管理制度，应确保其符合法律法规的要求。制度是高职院校安全管理的理念，是将这一理念变为现实的各种制度安排和组织结构。从内容来看，高职院校的安全管理体系主要包括户籍制度、公安规章制度、交通法规、消防法规等。高职院校安全管理体系是一个动态的概念。以上部分仅是管理校园安全的通用系统，随着时代的发展，其内涵和外延将不断丰富和发展。

（二）风险管理

风险管理是高职院校安全管理体系实施和运行的灵魂和核心。风险管理是安全管理的主要管理手段，其他要素的建设和运营的最终价值都在证明是否需要风险管理。在风险管理的实施中，主要包括四个步骤：风险识别、风险评估、风险解决和持续监控。

第一是风险识别。风险识别是识别可能影响校园安全的因素的过程。高职院校应根据各部门的活动，建立并实施有效的风险识别方案，识别影响师生安全的各种危害或隐患。风险识别应从人、物、环境、信息等对象入手，运用各种措施分析可能影响安全的各种因素，动员各部门随时、随地、随机地调查和报告隐患。风险识别也应综合考虑，以岗位、团队、部门为单位，识别各级存在的风险，并按类别动态监控和管理已识别的风险。

第二是风险评估。风险评估是安全管理人员分析风险对校园安全影响程度的过程。它要求从风险的可能性和严重性入手，确定风险等级，判断高校的风险承受能力，为正确选择风险处理方法提供依据。同时，它也是一种系统利用信息的方法，通过对信息数据的收集、研究和判断，选择分析模型并进行推理。

第三是风险解决。对于需要采取措施的情况，各部门应制定风险防控计划，明确所需的各种资源，形成详细具体的实施措施。高职院校安全保卫部门应监督风险预防控制计划的实施，通过引入安全设备、教育培训等措施消除风险，并避免计划实施后产生新的风险。本单位无法解决的风险和矛盾，报上一级主管部门协调解决。

第四是持续监控。风险解决后，高职院校安全保卫部门还应持续监控风险，检查应急预案的执行情况，确保校园内没有潜在的风险。风险监控的方法包括安全信息挖掘、安全态势分析、事件调查、查阅相关记录等。

（三）安全保证

安全保证是为了确保高职院校安全管理体系的持续改进，而采取监督、检查和总结等有效措施，从而及时发现体系的缺陷和不足，实现系统的持续改进，不断提高到新的水平。

第一，安全教育培训。教育是对人类道德、科学技术、知识储备和精神境界的继承和提升，它可以增加人们的知识，提升人们的技能，影响人们的意识形态。培训是一项有计划、有针对性、循序渐进的学习活动，其目的是提高人们的知识、技能，改善人们的工作态度、工作方法和价值观，从而最大限度地发挥他们的潜力，实现组织和个人的共同发展。高职院校应重视开展安全教育和培训，定期组织和安排高职院校安全管理人员的教育和培训，使其具备必要的技能，胜任工作。此外，还要加大资金投入，确保安全教育培训工作不断推进，做到有计划、有检查、有总结。

第二，安全绩效管理。安全绩效管理是制定安全绩效指标，实施绩效考核，并将绩效纳入高职院校日常管理活动，以鼓励各部门不断改进，最终实现安全目标的一种监督方式。学校党委负责安全绩效考核，与保卫部共同制定安全绩效考核办法。一般来说，可以使用安全绩效指标进行衡量，绩效指标应根据实际效果及时调整，以最大程度地反映高职院校的整体安全状况。安全绩效考核结束后，实施考核的部门应对考核结果进行分析，找出存在的主要问题，进一步改进绩效，提高绩效考核的有效性和效率。

第三，安全监督检查。监督检查是指高职院校有关部门和人员根据各自岗位赋予的监督职责，对校园内各单位的校园安全管理情况进行的检查活动。其中，对校园安全管理体系实施情况的检查是一项重要的监督检查任务。随着高等教育的发展，校园安全管理体系不断完善，确保学校安全管理制度和规范的正确实施，已成为高职院校安全管理体系建设的重要内容之一。监督检查一般分为日常检查和抽查。日常监督检查主要是指学校各单位按照实验室安全、消防安全、信息安全等相关要求进行的日常检查。日常检查是实现校园安全稳定的基础。抽查监督检查一般是指学校、学院二级主管领导根据一定时间内安全管理工作的要求，对有关单位、部门进行突击检查。开展监督检查，应当制定安全检查计划，明确安全检查的任务、目标、范围和方法，采取现场检查、记录检查、录音录像抽查、意见咨询等形式。对监督检查中发现的安全隐患、违法违规等问题，检查人员应当要求被检查部门当场或者限期改正。

第四节　高职院校安全管理面临的挑战

在"平安校园"的背景下，高职院校的安全管理仍面临诸多挑战。其中，既包括高职院校自身管理面临的挑战，也包括日益严峻的外部安全形势带来的挑战。如何更好地应对这些安全风险和挑战，成为高职院校建立和完善安全管理体系面临的重要问题。

一、基于高职院校内部管理层面分析

（一）校园安全形势整体严峻

德国学者贝克被认为是当代西方社会学界最具影响力的思想家之一。20 世纪 80 年代以来，他提出了风险社会和全球化理论，在世界范围内产生了广泛的影响。1986 年，贝克在其代表作《风险社会》中提出了著名的"风险社会"概念，即现代世界正在从工业社会向风险社会转型。风险广泛存在，已成为社会的基本特征。在风险社会中，高职院校作为社会的一部分，也面临着从现实社会到虚拟空间、从校园到校外等多种风险类型。

从校园内部层面来看，首先，由于高职院校校园的扩大，许多高职院校形成了一校多区的大学格局，校园面积和规模不断扩大。但由于后勤管理脱节，学校教学、科研、生活服务设施满负荷运行，容易产生安全隐患，引发火灾、盗窃等事故。第二，随着高职院校后勤社会化的深入，高职院校与

外界的联系越来越密切，逐渐形成了一个复杂的公共场所，学校的人员结构也从单一组成部分转变为多种组成部分。例如，目前进入校园从事室内工作、商务、交流甚至游玩的人数正在增加。高职院校学生道德素质和法律意识参差不齐，加之缺乏日常管理，客观上为一些犯罪分子潜入校园从事犯罪活动提供了机会，影响了校园环境的安全稳定。

从校园外部来看，在开放社会化环境的影响下，高职院校周边人员流动增加，吸引了大量KTV、歌舞厅、游戏厅、网吧等商业场所。如果忽视管理，很容易对大学生的思想状态和行为产生负面影响，甚至走上违法犯罪之路。同时，学校周边流动人口和临时人口相对集中，有大量出租房屋和学生公寓。在上学、放学和晚自习过程中容易发生治安和刑事案件，客观上增加了学生的风险。此外，大学生已经成为移动互联网用户的主要人群。互联网的使用极大地促进了师生之间的交流和学习。然而，互联网是一把双刃剑。在促进教育公平和信息交流与沟通的同时，现实社会中的各种不稳定因素也倾向于向网络空间转移，导致电信欺诈、网络暴力、侵犯隐私等一系列犯罪问题。各种淫秽暴力信息也会对身心不成熟、思想简单的高职学生造成伤害。

（二）大学生安全管理难度较大

首先，随着高职院校招生人数的不断增加和办学规模的不断扩大，与师生利益密切相关的问题也越来越多：一方面，部分高职院校招生的虚假宣传，成为造成高职院校内部不稳定的重要因素；另一方面，学生的个体差异也给高职院校的安全管理带来了挑战。由于大学生心理、生理发育不成熟，学习、经济、就业压力较大，心理问题较多。如果不能及时疏通，可能会导致严重的校园危机。正如一所大学安全管理人员所说："今天的学生不像过去那么容易管理。以前的学生知道主动学习和实践。现在生活质量提高了，有了更多的诱惑，学生的想法和思维比以前更加活跃。有些学生是独生子女。他们可能在家里没有遇到任何挫折，在学校也没有遇到过失恋等事情。如果他们的心态不能及时调整，他们很容易走向极端，导致自杀或故意伤害事故。"

其次，改革开放以来，我国高等教育的质量和竞争力不断提高，出现了来华留学的热潮。庞大的规模和复杂的民族构成也增加了校园安全管理的难度。由于外国学生与国内学生在教育背景、学习经历、民族文化和宗教信仰等方面存在较大差异，他们在中国学习和生活的过程中容易产生认知偏差和误解，进而与同学发生冲突。如果不及时和解，可能会导致外国学生与当地师生之间发生冲突。在全球化趋势下，高职院校出国交流人员的数量不断增加。高职院校师生在对外学习和交流的过程中，不可避免地会受到西方文化的影响，影响其群体思想的稳定性。高职院校也很难控制这些留学生的思想动态，为安全管理工作带来了挑战和困难。

最后，由于少数民族学生在文化、语言、习俗、信仰等因素上的差异，再加上就业、学习、情感等因素的影响，少数民族学生招生规模的扩大产生了不同的心理特征。如果不加以重视和引导，就会产生矛盾和冲突，引发一些暴力事件，破坏民族团结，影响校园安全稳定。

二、基于高职院校外部安全形势分析

（一）传统校园安全问题依然突出

保障师生生命财产安全是高职院校可持续发展的前提和基础，也是"双高计划"实施的重要保障。作为产业人才培养的重要基地，21世纪以来高职院校安全保卫部门不断加大各类安全事故的预防和处置力度，完善校园安全管理体系和应急预案，创新校园安全管理模式，有效化解了校园及周边存在的潜在风险，极大改善了校园治安环境。但是，交通事故、暴力伤害、诈骗、学生自杀等传统安全问题依然十分突出。

目前的高职学生独生子女较多。他们大多以自我为中心，情绪容易冲动，导致各种校园暴力。例如，2013年4月某大学发生的中毒案是一起由普通言语冲突引发的恶性案件。此外，大多数高职院校的学生没有社会经验，思想简单，非常容易受到欺诈和传销等犯罪的影响。与此同时，随着社会消费观念的转变，网上贷款平台如雨后春笋般涌现。大学生作为网络消费的主力军，自然吸引了众多网络贷款平台的关注。然而，由于缺乏必要的监管，一些非法的网上借贷平台已经将他们的魔爪伸向了许多喜欢比较、热衷于透支消费的大学生，其中不乏因无法偿还高额利息而自杀、拍摄裸照等情形。例如，2018年3月，郑州一所高职院校学生小郑在青岛跳楼自杀，因为他无法偿还数百万的网上贷款债务。这些频发的校园安全事故严重影响了高职院校师生的正常学习和生活，也给整个社会安全环境投下了阴影。

（二）高职院校信息安全事件频发

随着中国国际地位和综合国力的不断提升，国内外敌对势力的反华活动不断加剧。为了窃取国家机密，他们利用各种技术手段对国家重大项目和单位进行间谍活动，使中国的保密工作面临巨大的风险和挑战。近年来的"棱镜门"事件和Facebook数据泄露表明，网络和信息安全问题已成为全球性问题，高职院校也不例外。随着办公自动化水平的提高和电子设备的普及，大量的科研信息和数据存储在电子计算机中。但由于网络技术发展不成熟，缺乏网络安全防火墙、入侵检测系统、防病毒系统等安全防护设备，这些电子设备容易受到病毒和黑客的攻击，增加了高职院校保密信息披露隐患。2020年6月，郑州某大学近两万名学生信息被泄露，包括姓名、身份证号码和专业信息，导致一些学生学习和生活受到影响。此外，受教育部（厅）等部门的委托，高校领导和专家教授经常会参与制定各种专业考试、职业资格考试的试题、标准答案和评分标准，也使得高职院校涉密渠道和人员不断增多，泄密事件频发。这些泄密事件的发生，不仅给国家经济发展带来了巨大的损失，也造成了恶劣的社会影响。

（三）高职院校网络舆情防控难度加大

舆论是人们在一定时期和范围内对社会现实的情感反映、价值判断和意见倾向。进入21世纪，中国的互联网用户数量呈指数级增长，其中大学生占很大比例。互联网时代，网络环境相对宽松，个人舆论表达更加自由，这使得以互联网为载体的新兴媒体，尤其是微博、微信等自媒体，逐渐成为高职院校舆论形成和扩散的放大镜，而校园、课堂等场所舆论的空间属性相对弱化。由于自媒体平台门槛较低，一些道德素质较低的大学生往往借此机会发泄个人情绪，逐渐养成非理性分析思考、随意评论、随意转发等不良习惯，成为网络虚假言论的推动者和传播者。可见，新媒体环境对高职院校的维稳工作提出了更高的要求。例如，某高职学院一名学生在接受采访时说："通常学习压力很大。有时和室友相处不好，或遇到一些比较失落的事情时，就会依靠互联网来缓解压力。在网上冲浪时，如果你看到一些八卦，即使你不知道事情发生的前因后果，也会情不自禁地成为一名键盘手。"高职院校突发事件发生后，往往会受到自媒体的大量关注，但由于其掌握的信息不对称，与实际情况也存在出入，特别是在个别网络大V或舆论领袖的煽动下，极易升温和失控，形成校园网络舆情，一些针对学校的负面信息传播到网络上，误导社会受众，使其对高职院校的负面影响无法在短期内消除。例如，2018 年 3 月，微博爆出武汉某学院学生由于精神压力坠楼，原因是他被老师长期压迫。这一事件导致该学院陷入舆论漩涡，学校在后续舆论处理方面明显滞后。不仅未能有效化解舆论危机，还引发了更多网民的猜测和质疑，给学校形象带来了一定的损害。2020 年 6 月，某学院发生一起学生考试作弊坠楼事件，引起了社会大众以及媒体对高校学生自我能力提升、考风考纪、学生教育及家庭教育等问题的热议，并将该学校推到了网络舆论的前沿。

第五节　高职院校安全管理的路径选择

高职院校安全管理体系建设在理论和实践上都取得了显著成效，对巩固校园长治久安发挥了积极作用，但为了解决系统中存在的问题，实现高职院校安全管理体系的转型升级，还需要进一步优化和完善。

一、打造高职院校安全治理共同体

在治理理论框架下，多主体合作治理是一种新的社会治理模式，强调治理的系统性、完整性和协同性。高职院校安全管理体系注重多学科的协调与合作，符合创新型社会治理理念。构建高职院校安全治理共同体是维护高职院校安全稳定的重要途径，也是创新社会治理的需要。

（一）培育多元主体，促进合作治理

在当代中国，社会治理共同体的建立是经济、政治、社会和文化深刻变革的产物。它打破了政府对社会管理的垄断，标志着我国社会治理模式从单一治理模式逐步转变为政府、公民和社会参与的多元治理模式，进一步创新了社会治理机制。基于社会治理理论，多部门合作机制逐渐成为政府和高职院校解决校园安全问题的策略，为学校安全风险防控提供了新思路。因此，高职院校应积极培养多元化的参与主体，确保协同治理。

首先，确保市场主体的顺利介入。公共治理理论认为，政府治理和社会治理都存在局限性，无法实现资源的帕累托最优配置。因此，新的市场主体需要参与协同治理，使市场、政府和社会"尽力而为，良性互动"。引入市场化主体参与高职院校安全管理，不仅可以提高人力、物力等资源的配置效率，还可以在提供公共安全产品方面引入竞争机制，满足不同群体的公共安全需求，充分体现高职院校服务师生观念的转变。市场化的安全服务企业不仅是一种新型的服务企业，而且是一种非政府的安全防范组织，是维护社会安全的重要力量。因此，安全服务企业应坚持市场导向，以"社会效益第一、经济效益第二"为经营原则，提供多元化的安全服务，在高职院校安全管理体系运行领域发挥自身的价值和作用。

其次，充分发挥学生自治组织的作用。学生自治组织是高职院校学生为实现自我管理、自我教育、自我服务而建立的行政管理组织，它不仅包括学生会，还包括其他自治团体。为了克服高职院校师生参与意识低、共同治理氛围较差的困境，有必要充分发挥学生自治组织的作用。一是发挥学生干部的领导作用，积极带头、以身作则，提高学生的责任感和参与积极性。二是要充分发挥学生党员的先锋模范作用，充分发挥同伴教育的优势，通过搭建学业指导助理平台、学生党员网格化制度、学生党员责任区、离退休支部和学生支部共建等学生党员平台，促进党员密切联系和服务广大师生，通过党员骨干"以点带面"做好高职院校学生的安全教育工作。例如，根据教师和学生的实际需要，某高职学院为党员建立了安全维护平台，划分了党员和学生的责任领域，覆盖全校师生，为"平安校园"的建设奠定坚实的群众基础。

最后，加强与政府职能部门的合作。为实现"平安校园"的建设目标，高职院校应加强与公安、消防、城管、工商等单位的联动协调，定期开展校园治安综合治理。联席会议制度作为综合管理的主要形式，包括以下内容：一是建立联席会议办公室，会议由党委书记、副书记兼任联保办主任、副主任。二是确定联席会议拟讨论事项的范围，主要包括各单位上季度在联合治理方面取得的成绩和存在的不足；介绍其他领域校园安全管理的经典案例；分享具体工作过程中总结的成功经验；安排下季度联合整改重点工作。第三，联席会议由办公室主任主持或委托副主任主持；例会通常每季度召开一次，临时会议也可以根据实际工作情况召开。

（二）完善机构设置，加强组织保障

管理科学家巴纳德认为，组织是一个有意识地协调两人或更多人的活动或力量的合作系统。为了实现共同的目标，我们必须合作组建一个组织。在组织结构上，建立专门的领导机构是保证各部门协调联动的关键。针对采访工作中发现的组织不稳定、工作内容不系统、多头管理等突出问题，笔者认为，高职院校安全工作委员会（以下简称"安委会"）应在原校园治安综合管理委员会的基础上成立，全面处理校园的各种安全问题。"安委会"的工作原则是"教育第一、打击与预防并举、标本兼治"。它有三种类型的机构：

一是成立工作组，由安全、维稳、应急、综合治理、意识形态等相关职能机构组成，作为委员会的工作和执行机构，对委员会负责，受委员会监督。二是设立隶属于高职院校的安全办公室，作为信息枢纽和总务协调机构；办公室主任由安全办公室主任兼任，组织部、宣传部等部门负责人为办公室主要成员，集健康、心理、网络等专业人员于一体，提供技术指导和支持。三是各学院成立院级安全工作领导小组，组长由学院书记或院长担任，副书记或副院长担任副组长，成员由院系及相关部门负责人担任。各学院办公室是学院领导小组办公室，负责日常工作的管理。同时，定期对不稳定因素进行分析和报告，确保信息的顺利传递。该组织具有以下特点：第一，全面覆盖。全面覆盖意识形态、治安管理、突发事件、信息安全等方面的工作内容。第二，信息畅通。上级组织部署的工作任务和各类安全事故信息第一时间汇总到办公室，并传递给相关领导和机构。第三，明确责任。理顺各部门工作职责，完善统一领导、分工负责的责任制。第四，高效率。在信息畅通的基础上，校园安全事故可根据实际情况分为三级预警模式。红色预警由安委会主任立即处理；橙色警示由相关二级机构处理，安委会成员应随时予以关注和指导；黄色警告由二级机构独立处理，并及时报告后续处理情况。

（三）理顺组织结构，明确管理责任

扁平化组织结构的形成是实现协同治理的必要条件。高职院校安全管理体系涉及多个方面。针对组织结构复杂、多部门协调困难、效率低下的问题，高职院校应积极推进系统内组织结构的重组与重构，实现基于帕累托改进的组织优化，从而克服组织结构障碍，形成协同治理的治理模式。具体方法包括：

首先，高职院校安全工作委员会作为指挥中心和工作枢纽，负责全面协调学校安全管理工作。作为高职院校安全管理组织体系的核心，内部通过协调二级学院、学生工作办公室、安全保卫办公室等部门之间的关系，打破各部门的体制和机制壁垒，指导各部门朝着共同目标采取联合行动，提高应急响应效率；加强与政府、教育部门、社会团体、公众和新闻媒体的信息沟通与交流。

第二，二级学院、学生工作处、保卫部门等部门负责正确执行与落实学校制定的各项规章制度。二级学院、学生工作处、保卫部门等部门在高职院校安全管理组织结构中，具有相应的法律地位和权力，也需要承担与其权力相对等的职责。不仅要通过制定工作方案、实施计划等将学校安全管理制度付诸执行，同时也要负责搜集各类风险信息，及时进行汇总分析与反映报告，还要加强宣传教育，引导教师、学生、学生自治组织等主体积极参与进来。

第三，教师、辅导员、学生会等组织和人员是组织中最活跃的管理主体。他们的参与程度决定着高职院校的安全管理水平。这些主体与学生群体有着最密切的联系，承担着教育、管理和服务学生成长成才的责任，能够及时发现学校的治安隐患，防范危及师生安全的各种风险，是高职院校安全管理体系运行领域的重要基础。

第四，通过签署各级安全管理责任书，明确各部门的职责和权限，减少权责交叉和多头管理，实现组织结构的规范和协调。通过同级合作、纵向连接，不仅可以实现同级组织之间的需求交流，还可以实现不同层次组织之间的纵向连接，从而有效提高高职院校校园安全管理的效率。

二、健全高职院校安全管理体系运行机制

运行机制是指高职院校安全管理体系建设中各主体之间的相互耦合和协调，使系统达到最优状态。它是高职院校安全管理体系协调、有序、高效运行的基础。实践证明，建立和完善运行机制是提高高职院校安全管理体系整体效率的前提和保证。

（一）信息共享机制

信息共享是协同治理的前提。只有确保所有主体获得足够的信息，才能合理有效地参与治理过程。针对当前信息管理不协调、协同性差的困境，高职院校必须进一步完善信息共享机制，拓宽各部门之间的信息沟通渠道。它包括以下内容：

第一，加强信息管理。高职院校信息管理平台的建立是促进安全管理信息化建设的有效手段。高职院校信息管理平台以大数据、云计算和物联网技术为支撑，是一个集信息共享、宣传教育、服务师生为一体的综合性信息应用平台。由于高职院校各院系都有自己的数据信息系统，在具体建设方法上，首先要在现有信息管理系统的基础上，由校党委牵头，将教务、科研、学生、网络中心等单位纳入同一平台，并根据这些数据信息的特点进行统一管理和应用，实现信息资源的动态控制；二是引进新技术，选择专业处理软件，有针对性地选择和处理收集到的信息资源，通过对信息数据的深入挖掘，实现对重点防控对象、防控队伍、信息的管理，制定学校的人、地、事、物、组织等计划和措施，不断提高安全管理信息化水平。

第二，利用双向信息沟通。沟通是跨部门活动中部门间协调与合作的基础，良好的沟通方式不仅有利于打破部门间的壁垒，也是优化组织结构的前提和保证。本著作结合高职院校安全管理工作的实践，倡导"双向沟通"。双向沟通强调信息沟通是一个双向互动的过程，它包括两个基本阶段：传递和反馈。一方面，信息传递可以促进信息的自由流动，提高信息利用效率，实现信息资源的交流与共享；另一方面，"双向沟通"也具有反馈功能，通过研究分析风险信息并采取措施加以解决，将处理意见反馈到系统的各个环节，可以实现主客体之间的顺畅互动，有效解决信息断层问题。

（二）联防联动机制

高职院校安全管理要进一步深化学校治安综合治理，完善综合治理责任制。目前，安全管理主体的协同治理意识相对薄弱，缺乏合作，各自为政的现象比较突出。要使多个主体真正形成合力，形成协同治理的工作模式，就必须整合各方力量，建立系统的联防联动机制。

一是高职院校内部各个部门的联防联动，主要包括高职院校安全保卫部门与其他部门，以及学校师生等之间的联动。一方面，高职院校的安全管理不仅是保卫部门的责任，其他单位也应承担重要责任。因此，各单位应加强与安全保卫部门在网络安全、师生心理辅导、后勤服务等方面的支持与配合；安全保卫部门则加强对各单位内部安全保卫工作的指导和检查，督促各单位配备安全防范设施，落实安全管理责任。另一方面，作为校园安全的利益相关者，高职院校各部门也应注意引导教师、学生和员工积极参与，挖掘高职院校丰富的人力资源，确保高职院校师生参与安全管理的各个阶段，营造良好的校园环境和共治氛围。

二是高职院校与外部管理主体的联防联动。维护高职院校的安全不仅是学校的责任，也是政府和社会的责任。从根本上解决校园安全危机需要依靠全社会的共同关注和努力。因此，高职院校应加强与当地公安机关的联动，以获得公安机关的有力支持。一方面，公安机关要加强对高职院校安全管理工作的指导和监督，加强对侵犯师生合法权益犯罪行为的查处和打击；另一方面，高职院校要定期向公安机关反映校园治安动态和工作中存在的问题，积极争取支持和帮助。同时，加强与城管、工商、教育、卫生等职能机构的联防联动。在联席会议的基础上，围绕会议总结的治安问题，定期对学校周边娱乐服务场所进行清理整顿，确保校园周边治安环境稳定和谐。

（三）考核评价机制

建立何种类型的考核评价机制，对安全工作的发展具有明显的指导作用。对高职院校而言，主管部门的考核评价有利于确定安全管理的思路和目标，形成安全稳定工作的长效机制。针对目前高职院校评价机制中存在的指标设置不科学、评价主体不合理等问题，高职院校应根据组织目标建立和完善评价机制，努力提高安全管理的客观性和有效性。

一是完善考核评价指标体系。作为考核工作质量的重要尺度，在具体设置上，要建立综合考核评价指标，设定适合高职院校实际情况的考核内容，细化考核指标，明确责任，每个人都清楚地知道该做什么和如何做；在考核方法上，可采用定量考核、定性考核、能力考核和绩效考核。我们不仅要追求评价指标的客观性，还要通过民意调查了解师生的主观评价，如安全感、满意度等。

二是完善考核评价方法。高职院校安全管理体系运行效果是否良好，校园治安环境是否改善，师生对安全感的满意度如何，师生感受最真实，评价最真实。因此，为了扩大评估的公开性和透明度，我们应该促进评估和评估主体的多样化。在进一步加强自我评估、上级评估和部门评估的同时，要不断引入第三方评估主体，广泛推行绩效公示和公众讨论制度，探索和完善民意调查，并注意听取师生等利益相关者的意见和建议，客观公正地反映评价结果。

最后，加强考核评价结果的应用。根据评价结果，总结学习安全管理经验，奖惩相关机构和主要负责人，是实现评价目的的关键。在市场经济的背景下，高职院校安全管理人员作为职业个体，也有着对"经济人"的理性追求。将安全稳定工作业绩纳入年度考核，对考核成绩优秀的相关责任人给予奖励，对因忽视安全管理而造成事故的责任人进行惩罚，有利于激发其工作积极性，使考核真正成为促进系统健康有序发展的内在动力。

三、提高高职院校安全管理体系科技水平

科学技术是社会发展的决定性力量。可以说，随着科学技术和社会的发展，社会上的任何生产活动都离不开科学技术的支持。对于高职院校的安全管理来说，问题不在于是否需要科技支撑，而是要更好地建立和完善科技支撑体系的内容和运行机制，使其发挥更大的作用。

（一）引进智能化视频监控系统

传统的视频监控系统在准确性和实时性方面存在一些缺陷。同时，海量视频的积累也给视频数据的有效利用带来了挑战，基于嵌入式技术的智能视频监控系统是智能分析技术与视频监控技术相结合而产生的。通过对视频序列的实时自动分析，可以实现对目标的定位、识别和跟踪，有效提高监控效率。完整的智能视频监控系统主要由图像采集、视频图像处理、决策报警和传感器控制与服务系统组成。图像采集模块通过摄像头等前端设备采集监控区域的光学图像，转换后输出数字视频图像，为视频图像处理提供数据。视频图像处理模块通过数字图像处理技术对视频图像进行分析和处理，实现对目标轨迹的监控和识别。传感器控制与服务系统通过云台或摄像机的反馈控制，实现对目标的自动跟踪和行为分析。决策报警模块根据视频图像处理的结果和预定的报警规则，完成启动报警的判断和决策，并在报警的同时存储监控图像。可以看出，智能化视频监控系统具有以下功能：首先，系统可以对前端监控点传输的视频进行智能分析，并在此基础上进行其他相关工作。例如，分析校园出入口监控点的车辆视频，捕捉车牌；对高职院校所有出入口进行人脸识别和比较，实现人员标识管理。第二是实现无人值守。通过嵌入前端摄像头和云中心的智能视频模块，对监控图像进行连续分析，实现全天候防控，取代人工监控，提高防控效率。第三，实现预警。通过高效的智能

分析规则和算法，可以实现对关键目标的智能监控。一旦目标对象触发预设规则，即可触发联动报警。这样才能真正做到预警，有效降低校园安全事故的发生率。第四，高效的智能检索取代了手工检索。传统的检索方法主要依赖于人工视频回放，这对于数百小时的视频图像来说非常繁琐和复杂。智能检索可以根据目标特征快速检索和筛选监控视频，大大提高检索效率。因此，高职院校应加快建立安防设施投资保障机制，采用市场化手段，吸引安防企业根据当前和未来高职院校长远规划，量身定制智能视频监控系统，为制度的发展注入不竭的动力。

（二）提升大数据技术应用水平

在顶层设计方面，大数据平台的建立可以有效提高高职院校校园安全管理水平。例如，美国联邦政府建立的数据统计中心在大数据技术的支持下，数据的收集、存储和分析比以前更简单、更有效。强大的数学分析模型可以在一定程度上预测风险的范围和概率，切实提高高职院校校园安全风险防控效率。2015 年，国务院发布了《促进大数据发展行动纲要》，这意味着发展大数据已正式成为国家战略，高职院校的工作已基本形成大数据支撑下的运行基础。大数据驱动的高职院校安全管理系统具有以下优势：一是有利于校园舆论的监控和引导。利用大数据技术对学校校园网站、微信、微博、QQ 等平台产生的海量数据信息进行收集、整理、分析和挖掘，可以掌握这些数据背后隐藏的舆论价值，了解学生的思想动态、兴趣爱好、个性需求，甚至情绪波动。一旦出现网络舆情苗头，就可以及时进行思想引导和干预，增强思想政治工作的针对性和有效性，提高高职院校的舆情分析和风险防控能力。二是为高职院校安全管理系统的预防和预警打下技术基础。借助大数据技术，我们可以克服信息分散性高、可访问性差的缺陷，实现学生基本信息、消费记录、门禁等数据的大量采集，对采集到的信息数据进行深度筛选和分析，充分挖掘数据之间的相关性，并通过技术分析对无序的信息数据进行量化，反映学生的安全指数。例如，通过校园网站和社交软件生成的数据信息，了解学生的心理状态、价值取向和行为轨迹，及时研究分析异常情况，预防和解决矛盾和冲突，从而提高安全管理的有效性和预见性。因此，面对大数据技术广阔的应用前景，高职院校应积极转变管理观念，重视大数据技术，通过引进新技术，对原有的技术防御体系进行升级改造，从而更好地保护教师和学生的安全。

21 世纪以来，随着大数据技术的深入发展和科技创新的推进，高职院校技术防御系统的集约化、智能化已成为未来发展的趋势。针对高职院校安保工程缺乏前期调研和总体规划，资源整合不到位的问题，高职院校应树立科学发展的观念，制定科学合理的安全工程发展规划。通过统一的接口，将地理信息、电子门禁、视频监控等系统耦合集成到一个综合管理平台中，从而实现各系统的资源共享和信息交换。同时，确保集成后各子系统独立运行，特别是当集成设备或平台发生故障时，各子系统能独立正常工作，不影响其他系统的运行。

此外，高职院校安全管理信息化建设外部部门的整合与联动也是必要的。如允许高职院校采购的监控平台、监控网络和数据库接入公安机关数据平台，实现资源整合和功能优化；公安机关通过管理和接入辖区内高职院校的视频监控系统，可以全面了解高职院校的治安状况；还可以控制学校的云台、室外球机等室外设备，有效掌握校园治安事件的发展趋势，及时派遣相关负责人跟进。因此，提高科技应用水平将进一步实现校园安全建设的目标。

四、加强高职院校安全管理体系队伍建设

高职院校安全管理体系的主体构成具有多元化的特点，不仅包括安全保卫部门，还包括师生主体、社会组织等力量。加强队伍建设仍是今后提高高职院校校园安全管理效率的有效措施。

（一）拓宽培养渠道

人才在经济社会中起着重要的引领和推动作用，是推动历史进步的重要力量。针对高职院校安全队伍专业人才结构性短缺的问题，应从相关机制和政策上寻求保障和支持，以增加安全管理人员的数量，提高队伍的质量和稳定性。

首先，要充分发挥高职院校在专业人才培养中的主渠道作用。一是依托高校搭建人才培养平台。利用高校教师、学科、教学机构、场地设施等优势，与安保服务企业共建培训基地，通过在职培训、继续教育培训，努力拓宽团队教育和培训渠道。二是委托专业院校开展短期培训。委托公安院校等高等院校对保卫干部和业务骨干进行专业培训，定期更新专业知识，提高队伍整体素质和运用新技术、新方法的能力。

其次，积极运用社会力量培养安全管理人员。高职院校要积极搭建社会力量

依法有序开展安全培训的平台,支持人才培养基地和设施的改造和建设,构建多元化、开放式的教育培训体系。高职院校安保部门应加强与安保公司、安保协会的联系与沟通,定期召开联合培训人员联席会议,完善人员培训机制。高职院校还应结合实际,与周边院校合作,研究建设大学生安全教育培训基地的可行性,促进学校安全教育资源共享,不断巩固和提高校园安全教育的整体成效。

(二)注重教育培训

随着高等教育的发展,各级教育培训体系初步建立,为高职院校安全保卫部门输送了大批专业人才。但安保队伍的技能水平和安全意识有待提高,教育培训体系与现实发展需求的矛盾依然突出。因此,我们要主动适应现实需要,以提高安保人员的业务能力为目标,加强队伍教育和培训。

首先,提高教育培训水平,确保教育培训质量。长期以来,由于缺乏统一、权威的安全服务人员教育培训标准,培训缺乏针对性,与实际工作脱节,培训效果不佳。2019年,国家职业技能标准为安保人员培训提供了统一的标准和规范。因此,培训单位要严格遵守规章制度、标准和培训大纲,确保培训质量,建立健全长效培训机制,加强教育培训研究,从而提高培训内容与实际需求的相关性。一方面要以需求为导向,根据各部门的工作特点设计有针对性的培训课程,提高培训的针对性和及时性;另一方面,及时掌握国内外先进的培训方法和理论,加强理论学习、能力培训和工作考核,不断提高团队素质和能力。

其次,培训对象要全面,注重因材施教。安全培训作为提高人们安全意识和安全素质、预防不安全行为、减少人为失误的重要途径,应根据当前校园治安环境的不同对象和情况,采取不同的方法,因材施教,从而达到良好的培训效果。一是从国家整体安全理念出发,将大安全教育纳入学校教学管理体系,对学生进行安全培训和必要的应急演练,不断增强安全教育的实效性和实用性,努力实现学生安全教育全覆盖。二是加强对教师和领导干部的安全培训,引导教师兼顾教学科研和安全管理,发挥教师在高职院校安全稳定工作中的领导和示范作用。只有划分层次,采用正确的方法,安全培训才能达到预期的教育和培训目标。

(三)完善准入标准

校园管理实践表明,安全管理是高职院校管理的重要组成部分,队伍建设是高职院校安全管理的重中之重。针对当前高职院校安保队伍整体素质不高的现状，一方面要通过提高行业待遇，提高对优秀人才的吸引力；另一方面，我们应该提高准入标准，确保新入职的安保人员有较高的能力和素质。

一是提升招聘标准，改革用工制度。由于安保人员数量紧缺、队伍不稳定、福利待遇差，其聘用标准也明显低于其他岗位。笔者认为，高职院校应树立"不拘一格降人才"的理念，制定全面配套的用工制度，科学合理地设置用工标准和人员配置，保护工作人员的合法权益，通过市场化手段吸引更多专业人才，不断优化安保队伍的年龄结构和教育水平。

二是有计划地加强从业人员培训。由于安保队伍的不稳定性和高流失率，无论是高职院校还是保安服务公司都不愿投入太多的人力、物力和财力来培训保安。培训有名无实现象普遍存在，进而又造成了队伍素质持续低下的恶性循环。因此，针对当前培训工作的混乱局面，高职院校应转变观念，高度重视从业人员培训。通过建立实用型培训体系，深入干预培训的各个环节，确保培训的专业性和有效性，为安全管理工作做好充分的人才准备。

五、完善高职院校突发事件应急管理机制

突发事件应急管理机制是高职院校建立的一套预防、准备、应急和恢复机制及运行体系的总和。实践证明，完善应急管理机制可以有效提高高职院校的应急能力，妥善应对校园的各种风险和危机，确保校园的和谐稳定。

（一）加强预案制定演练

应急预案又称为应急计划，是为应对突发事件而事先制定的行动计划和行动指南，是在识别和评估潜在重大危险源、事故类型、发生可能性、事故后果和严重程度的基础上，对应急组织的职责和人员构成预先作出的具体安排。现阶段，应急预案已成为应急管理体系中广泛使用的政策工具。完善应急预案是应急管理的核心内容。首先，根据国家法律，结合高职院校的实际情况，制定校园应急预案，明确信息披露、应急决策、处置协调、善后处理等环节和内容，并定期修订完善。其次，我们应该为各种紧急情况制定详细的、可操作的专项计划。例如，安全部门应根据具体情况制定预防和处置突发事件的计划，以及各种大型集会的安全应急计划。第三，开展应急演练或演绎，特别是在火灾逃生、火灾疏散、医疗自救和急救方面，使高职院校各部门、教师、学生和员工能够真正了解自己的职责、突发事件处理办法和在紧急情况下的注意事项，通过演练不断完善应急预案，提高应急响应能力。

（二）做好善后处理工作

应急处置后的恢复重建主要包括秩序恢复和心理恢复两个方面。做好善后、恢复和重建工作，不仅可以杜绝突发事件再次发生的可能性，而且可以增强高职院校师生和公众的信心，确保学校良好形象的恢复。

在秩序恢复方面：第一，尽快恢复教学设施；第二，尽快消除校园突发事件遗留的隐患，消除师生的心理顾虑。例如，在传染病发生后，学校所有地方都应该消毒；第三，加强心理辅导，尽量减少突发事件对师生情绪的负面影响。

在心理恢复方面。第一，积极引导师生正确认识突发事件真相，及时公布学校隐患排查情况，重点关注隐患整改进展情况，培训师生提高应对突发事件的能力，增强应对突发事件的心理承受能力；第二，成立心理咨询小组，做好受事件影响人员的相关疏导工作。除当事人外，还应密切关注相关人员的心理动态，及时为因突发公共事件发生重大心理问题的师生提供心理咨询。

（三）重视舆情干预引导

做好突发事件的舆论监督和干预工作，是高职院校舆论管理的重要环节。建立畅通的信息发布机制，做好应急信息发布工作，有利于引导舆论，化解可能导致重大舆论危机萌芽的不稳定迹象。因此，高职院校党委宣传部作为统一的官方部门，应及时发布相关信息，确保信息的权威性、真实性和一致性。具体来说，要综合利用传统媒体和新媒体。一是通过新媒体发布权威信息，采取短、平、快的方式，迅速组织网上新闻报道，利用互联网平台，及时向社会公布事件真相和采取的措施，表明官方立场和态度，让积极的声音主导网络舆论；二是积极利用传统媒体发布信息，通过新闻发布会等方式，在第一时间客观、公正地发布全面、详细的信息，利用传统媒体权威性、真实性、覆盖面广的优势，最大限度地传播真相，牢牢把握舆论主动权。

第二章 高职院校校内实训安全管理研究

第一节　高职院校校内实训安全管理存在的问题

职业教育以提高质量为中心，以服务为宗旨，以就业为导向，持续推进教育教学改革。当前，我国正处于加快转变经济发展方式和社会转型的关键时期，职业教育需要提供更多技能型、应用型高端人才。职业教育的人才培养模式决定了其教学不仅要在理论课堂上完成，还要在实训教室中完成。实训是培养具有良好职业道德、科学创新精神和熟练职业技能的人才的最佳途径，也是职业教育必须始终关注的教育环节。

近年来，新闻媒体也大量报道了职业院校学生校内实训引发的危机事件，在社会上引起了很大反响。在校内实训过程中有很多风险，学生人身伤害风险是实训过程中最常见的风险，其后果也是最严重的，会导致学生残疾、失踪甚至死亡。当学生在实训过程中人身或财产安全受到侵害时，不可避免地会给高职院校和企业带来法律风险，也会影响学校的教学管理秩序和社会声誉以及学生家庭和社会的稳定，同时也必然对和谐校园与和谐社会的建设产生重大影响。高职院校学生在校内实训中安全事故频发，引起了地方教育部门乃至中央政府的高度重视。为了保障高职院校学生实习安全和合法权益，维护高职院校正常的教育教学秩序，提高高职院校的危机防范能力，最大限度地减少危机的发生和危害，本著作运用文献研究和比较研究的方法，分析国内外危机预防的现状和发展趋势，研究了国内外学者在危机预防研究方面取得的进展，并指出危机预防研究中存在的问题和不足。我国许多学者对危机预防的研究仍然停留在战略问题的提出上，普遍缺乏系统性和可操作性。国外学者对危机预防的研究比较系统和全面，但多应用于企业、政府或公共危机事件，很少应用于校内实训安全管理。因此，纵观国内外的研究，对高职院校校内实训危机防范机制的研究势在必行。

到 2020 年，职业教育为国家产业升级培养了 3900 万高端技能型人才、应用型人才和数亿技能型人才。这项任务的完成，与通过实训教学提高学生的技术水平密切相关。保障高职院校学生的安全和权益是培养高层次技能人才的重要前提和必要保障。为保障职业教育的改革和发展，党中央、国务院建立了一系列国家职业教育体系，强调要建立学生实训前安全培训、实训过程中管理、安全事故后善后的全过程管理体系。危机管理的关键在于危机预防。以有效的制度保障和强有力的秩序控制来防范危机，是高职院校持续稳定发展的根本保证。因此，如何建立危机防范机制，有效防范和应对潜在的危机风险、减少危机损失，将是一个迫切的现实问题。近年来，虽然我国职业教育发展迅速，但在社会环境中仍处于不利地位。社会和用人单位中存在大量"人才高消费"现象，职业教育的认可度和职业院校学生的接受度都不高，而高职院校的内涵发展和教学质量的提高还需要一个过程。[1]

现阶段，政府部门正在逐步完善对高职院校实训安全的监督，要求各学校系统总结实训安全工作的经验和教训，合理辨别不同专业的实训场所、不同的工作岗位、不同的人员的安全风险要素，促使实训场所科学、规范和高效地实施安全管理，完成全因素和全方位的实验室安全控制。政府部门这几年来已经着手强化对实训场所涉及的危化品、辐射、生物、机械、特种设备等重大危险源的监督检查，针对重要危险源，从采购、运输，到储存、使用，到最后的处置，对各步骤安全隐患进行重点排查，实施重要危险源的全流程监管，通过专项检查建立起高校重要危险源的信息数据库。

高职院校校内实训类型的复杂多样性决定了涉及安全管理的行政主管部门众多，其中主要包括教育、生态环境、公安、质检、应急管理、卫生健康、科技七个部门，主要采取交叉和分散相结合的部门管理模式。教育部门是高职院校实训管理的直接主管部门，对高职院校的实训室安全负有直接领导责任，而其他部门

---

[1] 席海涛，聂文博，李兆阳，等.高校实验室安全管理全口径准入机制建设探索与实践[J].实验技术与管理，2022,39(04):210-214.

则是在自身职责范围内承担高职院校实训安全某一领域的管理职能。学校各部门缺乏有效分工，责任落实不到位，没有危机防范预案。一旦危机事件发生，仅仅依靠学校领导的碎片化经验，很难从根本上杜绝危机的发生。另一个问题是缺乏对危机管理过程的有效参与。学校要进一步加强与企业的合作，增加对企业的吸引力，让企业积极参与实训的危机管理过程。高职院校要深入研究危机产生的原因，分析实训危机的类型，探索一套行之有效的危机管理策略，努力建立和完善危机预防机制、预警机制和防控机制，确保实训活动的顺利开展，推动职业教育走上健康发展的快车道。从系统论和整体观的角度，建立高职院校实训的危机防范机制，提高危机防范能力，形成科学合理的管理体系，不仅可以丰富高职院校创新管理的内容，同时也为建立和完善职业教育人才培养模式提供了重要的制度保障，能够有效预防和应对危机事件，减少危机损失，在实践中为学生的安全和合法权益提供保障，具有深远的现实意义和重大的理论价值。

首先，有利于全面实践"以人为本、以学生为中心"的理念，保护学生人身安全，保护学生合法权益。学生在实训中不可避免地会遇到一些危机事件。本研究可以为预防危机事件提供思路和策略，更好地防范各种实训危机，从而保护高职院校学生的实习安全和合法权益，尤其是大多数接受职业教育的学生来自农村家庭和城市低收入家庭等弱势群体。伤害事故引发的危机事件和学生实习活动合法权益的损害，不仅会对学生及其家庭产生致命的影响，所引发的社会问题也会对职业教育实习活动乃至我国职业教育产生严重的负面影响。本研究将努力探索学生实训前专项训练、实训中过程管理、实训评价管理的全过程危机管理机制，尽快形成学生实训危机防范机制，为职业院校学生实习提供更好的政策支持和制度保障，为我国经济社会发展培养更多高素质技能型人才。

其次，为高职院校预防实训中的危机事件提供思路和策略。高职院校实训中的危机问题，会因预防不当而导致危机的爆发和蔓延，损害学校声誉，影响学校正常的教学秩序。随着各级政府、社会和家庭对实训安全的逐渐重视，高职院校投入大量人力、物力和财力来防范实训中的危机。本研究可以为高职院校提供化解危机的具体管理措施和消除危机的有效防范机制，从而为高职院校的教学改革和人才培养提供参考依据和目标指导。按照《国务院关于大力推进职业教育改革和发展的决定》的要求，进一步加强职业院校实践管理，促进学校实践教学健康有序发展，努力提高学校和实习生的危机识别能力和危机防控能力。要深化以就业为导向的职业教育教学改革，促进职业教育科学发展，形成整体推进态势，切实加强实训危机管理，创新危机防范机制，这对于保证高职院校实训教学的健康有效发展，全面提高高职院校的教学水平具有重要的现实意义。[1]

一、危机防范意识不强

我们在实际调查中发现，部分高职院校危机防范意识淡薄，不能正确理解安全管理的内涵。一些教师和学生错误地认为安全管理只是危机发生后对危机事件的处理，而忽视了安全管理最重要的阶段，也就是危机预防阶段和具有重要反馈价值的危机善后阶段。最成功的安全管理是安全事故的预防。前期通过对大量调研数据的统计分析发现，大多数高职院校师生员工的危机防范意识不强。部分院校对学校的教师、学生和员工进行了安全管理教育和培训，但是效果不明显。因此，如何提高实训中危机管理教育的有效性，是高职院校亟待解决的新问题。

二、事故防范预案不足

我们在前期调查中发现，部分职业院校危机管理预案不完备，有些甚至没有预案，学校的管理者只是凭借自己零碎的实践管理经验处理问题。这样做即使可以在危机爆发的短时间内应对，但往往应对成本高，事后影响性较大，危机处理的有效性降低。部分职业院校缺乏必要的危机管理预案也可以归因为危机管理意识淡薄。

三、组织体系不够完善

问卷调查和对部分高职教师的访谈调查结果显示，部分高职院校没有固定危机管理组织开展危机的预防与处置工作，只有不到一半的学生了解学校的危机管理和组织体系。可见，学校的危机管理还没有进入长期规范化的日常管理阶段，高职院校的实训缺乏必要的组织保障。没有完善的危机管理组织体系，就必然严重缺乏科学、系统的危机管理，危机一旦发生，只能在短时间内仓促处理，危机

---

[1] 李士明，张家栋.高校实验室安全管理信息的思考［J］.实验技术与管理，2022,39(02):239-242.

的后果也无法预料。

四、管理资金投入欠缺

通过对实训中发生危机事件的原因进行问卷调查，发现高职院校实训资金投入问题是一个亟待解决的问题。没有资金投入，设备就不会更新、改进和定期维护；没有资本投入，就没有实训基地的基本建设；没有资金投入，就没有安保设备和设施的配备和改进。

五、防范制度不够健全

为了更好地了解职业院校危机防范制度的建设情况，从危机防范的培训与教育、预防危机的演习、危机应急预案、危机管理小组的组建、危机防范中领导的决策和管理能力、学校整体的协调配合等方面对学生和教师分别进行了问卷调查，并对实习教师进行了访谈和调查。笔者了解到，职业院校普遍缺乏统一的计划，没有成熟的危机事件处理体系和操作程序，危机预防阶段分工不清，危机爆发阶段没有应对策略，危机恢复阶段没有总结和后续行动。缺乏制度化的危机管理措施很难有效减少危机事件的发生。[1]

---

[1] 曾译萱，罗占收.高校科研实验室安全教育与考试系统建设探索［J］.实验技术与管理，2021,38(12)：266–268+272.

第二节　高职院校校内实训安全管理的基本原则

在实训中,完全避免危机事件是不可能的。一旦危机爆发,必然会带来不必要的损失和可能的人身伤害。在危机预防的过程中,人们积累了丰富的经验,总结了许多学校在危机预防和危机预防研究中需要遵循的原则。有学者将危机防范的原则概括为"预防为主、制度保障"和"以人为本、安全第一"的原则;一些学者提出了危机管理的原则:坚持"讲真话、立即说"的原则和损失最小化的原则;在查阅有关学校危机预防和危机管理原则的相关文献的基础上,结合高职院校实训的特点,通过分析高职院校实训危机的类型和特点,笔者认为,预防高职院校实训危机主要应把握以人为本、科学管理、制度保障、协同运作四个原则。

一、以人为本的原则

以人为本是预防高职院校实训危机的首要原则。以人为本,加强对实习生的特殊保护,就是把实习生作为危机预防和管理的主体。实践训练教学的顺利进行应坚持以人为本的原则,减少危机发生的可能性,确保学生的人身和财产安全。当危机不可避免地爆发时,我们应该关注学生,切实保护他们的利益和合法权益。虽然高职学生大多是成年人,但他们的社会认知能力和独立生活能力仍然较差,自我保护意识薄弱,在实践中不能有效识别各种风险和危机,不能采取适当的方法来预防和化解潜在的危机。现代高职院校实训的首要任务是创造一个安全有序的实践教学环境，危机预防的首要目的是确保学生的人身安全。同时，必须把学生的心理健康放在同等重要的位置，并加以特别保护。总之，所有高职院校都必须坚持以学生为主体的教育理念，把以人为本的原则贯穿于实训的全过程。

二、科学管理的原则

高职院校的管理者和决策者针对危机事件应该坚持科学原则，科学制定预案。预防在危机管理中起着主要作用。有效地预防和识别危机，制订危机计划，可以大大降低危机发生的概率。一些危机管理者只关注危机的处置和恢复，而忽视了危机预防。当危机爆发并蔓延时，慌乱中依靠零碎的管理经验应对危机。此时此刻，危机已经带来了巨大的损失和伤害。因此，各高职院校应大力加强危机防范，坚持预防为主、科学管理的原则，加强对实训中可能发生的危机事件的研究，制定相关应急预案，并将其纳入学校日常管理，对各类危机进行科学防范，做好防范工作，完善危机预警体系，努力将危机发生的概率和危机爆发造成的损失降到最低。高职院校要本着对学生和职业教育负责的精神，保护师生生命财产安全和身心健康，坚持危机预防和管理的科学原则，强化责任心，加强高职院校实训的危机防范工作，有效预测和识别潜在危机。

三、制度保障的原则

危机管理的最高层次是预防危机的发生。各高职院校要注重师生安全意识的培养和危机防范习惯的养成，提高全体师生的危机预警和识别能力，建立健全危机防范规章制度和师生日常危机应急机制。同时，要求行政部门制定职业院校实训危机防范管理法律法规，坚持有法可依原则，推进危机防范管理制度化、科学化、法制化。首先，作为一个独立的整体，高职院校应该有严格的制度保障。根据规章制度，学校应明确各职能部门的职责和权限，并将职责具体落实到人，以克服各职能部门或人员之间因为分工不清、职责不明造成的相互推诿现象。第二，高职院校在危机防范与管理的实训过程中，应遵守国家有关法律法规，依法保护全体师生的人身安全和合法权益。只有在国家法律法规的保护下，推进危机防范管理法制化，使管理过程有法可依，高职院校的危机管理才能顺利进行。同时，加强对师生法律意识和法律习惯的培养，使广大师生形成有法可依的良好态度和习惯。

四、协同运作的原则

在危机预防阶段，我们应该在发生危机前制订危机应对计划，以便我们能够快速响应并协同运作。首先，在危机管理的预防阶段，要建立垂直的危机预防指挥体系，提高管理效率，充分发挥各部门的工作优势，通力合作，调动一切积极因素，实现资源的优化配置。第二，努力实现危机预防主体多元化，明确学校、家庭和政府在危机预防管理中的责任，相互配合、相互补充，共同促进高职院校实践教学安全顺利进行。第三，各危机防范管理部门要分工负责，明确职责，协调管理，积极做好各方面的协调工作。第四，确保各部门信息畅通，行动协调；协调上下级关系、同级部门关系、学校与社会关系，广泛调动学生、家长和社会的参与，努力形成各方面人员的密切配合，有效调动和整合资源，有效地防止实训中出现危机事件。只有坚持协同运作的原则，高职院校的危机防范管理才能有效地减少危机事件发生的概率。

第三节　高职院校校内实训安全事故的防范机制

机制是指一个工作系统的各个部分之间相互作用的过程，它以某种运行方式将事物的各个部分连接起来，使它们协调运行并发挥作用。在良好的运行机制下，系统才能处于有效状态。当系统外部环境发生变化时，系统能够自动进行调整和响应，改变原有的策略和模式，实现最优目标。因此，机制对一个系统的良好运行起着基础性、根本性和决定性的作用。危机防范机制是高职院校在实践中必须面对的重要课题。如何建立危机防范机制，有效预警和避免突发危机，减少危机损失，将是一个迫切的现实问题。笔者认为，危机防范机制是指专门处理危机事件的组织、机构或部门之间为了消除或减少危机，将危机转化为机遇而相互作用、协调运作的过程和方式。为了使危机预防的各个部门能够有效配合和协调，必须有一种特定的、具体的、良好的运作模式。高职院校实训危机防范机制是将各部门、环节和组织以一定的运行模式联系起来，使它们相互协调、相互配合，从而实现实训危机防范机制的良好运行。实训是高职院校整个实践教学的重要组成部分，是学生理论联系实际，提高知识水平和操作技能的有效途径。然而,这种实训环节存在着巨大的潜在危机隐患。笔者认为，高职院校实训危机防范机制是高职院校危机管理主体通过对危机的监测、预警和诊断，提前控制和预防可能发生的危机事件的一套防范机制。这套机制用于防止学生在实训过程中发生危机或降低危机发生后的危害程度。

实训安全管理的目的是有效地处理实训过程中发现的安全隐患，进行科学的危机评估，然后根据具体情况采取相应的预防措施。高职院校实训中的危机防范机制与一般的危机防范机制有着共同的特点。首先，它具有连续性。危机预防机制由预警、识别和信息发布组成。一旦存在潜在危机爆发的可能性，各部门都会陆续发布指令，并持续传递信息，使各环节快速响应，防止危机发生。其次，它是动态的。实训的危机防范机制是一个信息动态平衡的过程。随着经济社会的不断发展变化，高职院校实训的危机防范机制也在发生相应的变化。新思想、新技术不断丰富原有机制，不适合现代机制发展的因素将逐步消除，促进机制的持续发展和动态平衡。第三，它具有完整性。实训的危机防范机制由预警系统、风险识别系统、信息发布系统、组织保障系统等多个部门和环节组成。每个系统都不是简单地叠加，而是有机地结合在一起。此外，危机防范机制的良好运行不仅需要学校内部各要素的相互协调与配合，还需要学校与外部环境密切联系，如高职院校与企业相关部门、社会团体、周边单位、新闻媒体的联系等。实训活动是职业教育不可或缺的组成部分，发挥着极其重要的作用，同时也存在各种潜在的危机。因此，各高职院校应加强师生危机意识的培养，树立危机防范观念，掌握危机防范的步骤、过程和措施，建立健全高职院校实训的危机防范机制，从系统性、全局性方面预防和防范危机，通过建立健全预警机制、信息发布机制、心理干预机制、监督检查机制，尽可能降低风险，减少危机爆发，此外还需要通过建立资金投入机制和危机防范反馈机制，保证高职院校实训活动的顺利进行。

本研究在坚持实训危机防范基本原则的基础上，建立和完善实训危机防范机制，并进一步提出确保机制良好运行的保障措施：第一，增强学生危机防范意识，提高学生危机防范能力；第二，完善危机防范组织体系，提高危机管理效率；第三，建立危机预防的长效工作机制，确保日常实训安全开展；第四，推进实训规章制度建设，推进危机防范制度化；最后，完善实训法律法规建设，使学生实训有法可依。

一、危机预警机制

在高职院校实施危机管理的过程中，如果能在危机爆发前进行预警和预防，尽可能地消除危机或降低危机发生的可能性，就能节约更多的人力、物力和财力。因此，危机预警是危机管理的首要和最重要的环节。首先，我们应该完善危机预警系统。目前，高职院校危机防范存在诸多制度上的空缺，危机防范机制不健全，没有健全的危机信息监控体系，就无法进行危机信息的传递；危机预测信息反馈严重滞后，缺乏危机预警能力，无法将危机隐患消除在萌芽状态。为了提高危机管理的有效性，有必要对可能发生的危机进行预测和分析，识别风险，积极有效地进行危机管理，将危机发生的可能性降到最低。

其次，制定危机预警程序。实训危机预警程序与一般危机预警程序相同，包括信息收集与分析、危机预测、危机监测和信息发布几个步骤。第一步是识别危机类型，并根据危机分类初步判断其影响或破坏程度。第二步是对获取的信息进行整理和总结，消除虚假信息。虚假信息可能会浪费人力、物力和财力，浪费危机决策的有效时间，甚至延误真实危机的处理时间，导致危机进一步蔓延。第三步是根据前两步的分析，以及危机的类型和可能的破坏力，判断是否需要报警。第四步是确认潜在危机是真实危机后，应立即通过学校媒体、网络等渠道发布信息。管理者应立即做出决策并发出警报，以促使所有危机管理部门迅速启动预防计划，并采取正确有效的对策。在危机预警的全过程中，要密切关注潜在的危机，实时掌握危机的进展情况，对危机的发展趋势做出准确有效的判断，为危机处理过程提供依据。最后，加强专家队伍建设，有效发挥专家咨询和指导作用，使高职院校危机预警机制建设更加科学完善。

此外，要完善危机预警机制，还有一项非常重要的任务就是制订高职院校实训危机预案计划。美国危机管理专家菲克生动地将危机预案计划比作"手电筒"。当人们突然遇到停电时，他们首先想到寻找手电筒，然后在它的指引下找到保险丝，找出停电的原因，最后修复通电。预案计划就像一个手电筒，可以帮助管理层有序地应对危机。根据对危机预案计划的调查，部分高职院校的危机预案计划不完善。为了减少实训过程中危机事件的发生，各高职院校必须采取有效措施，制定危机预案计划和处理程序，定期开展危机防范宣传、培训和演练。在危机爆发之前制订一个合理的计划，可以最大限度地减少危机造成的损失。一旦危机爆发，学校立即启动预案，各部门分工负责，尽快落实各项措施，迅速进入危机应对状态。高职院校在制定危机防范预案时，必须坚持科学性、针对性和可操作性原则，根据实训的危机类型制定预案，并根据预案进行演练。一旦危机爆发，可以根据实际情况修改计划并直接实施，这将大大缩短危机处理的时间。各高职院校可根据本校的不同情况制订不同的计划，尽量减少损失。危机发生后，当一切恢复和改善时，危机管理团队或决策者应及时总结经验教训，进一步修改和完善危机预防计划。要建设安定和谐的校园，首先要树立危机意识，增强危机可以预防的观念，居安思危，有备无患，时刻保持敏感。针对高职院校危机预防教育薄弱的问题，应采取有效措施加强学生的思想教育，尤其是安全教育，提高学生的危机预防意识和危机应对能力。危机意识是危机预防的出发点，它不仅是意识的强化，也是应对危机事件能力的培养和训练。鉴于实训危机管理的复杂性，为了实现高效管理，高职院校应定期进行危机预防宣传，并定期开展危机事件模拟演练和培训。现实的危机场景练习通常会给身临其境的人留下深刻的印象。更重要的是，模拟演练可以提高学生的心理素质和心理承受力，克服真正危机后的心理恐慌或心理麻痹。通过危机模拟演练，可以提高学生和危机管理团队在危机预防、应对和恢复方面所需的知识和技能。

二、信息发布机制

及时准确地发布危机信息对于危机应对和处理非常重要。危机爆发前，危机处于潜伏状态，隐蔽性强，难以被发现。学校可以利用信息网络进行诊断和检测，及时发现危机迹象，及时发布信息。同时，应立即将信息传递给上级相关部门，以引起学校相关部门的注意，并采取有效措施防止危机的发生。首先，构建实训危机防范信息发布机制，最重要的是确保学校管理者通过新闻媒体、广播、网络等沟通渠道与师生及相关部门进行沟通，它不仅能有效避免有害信息的干扰，而且能积极引导师生和相关部门的行为。其次，健全的危机信息发布机制对塑造良好的学校形象起着非常重要的作用。通过准确发布危机信息，我们可以及时、正确地解释危机事件的成因和发展趋势，获得全体教师、学生和社会的理解。

三、心理干预机制

随着经济的蓬勃发展，高职院校扩招力度进一步加大，危机发生的概率也随之增加。高职院校实训中的危机防范将成为学校管理的重要组成部分。因此，构建学生心理干预机制对实训中的危机防范将具有更加实质性的意义。在心理学领域，人们普遍认为，危机发生后，40%至50%的相关人员会有强烈的应激反应，当事人的心理创伤大于身体创伤。危机对学生心理的影响具有范围广、持续时间长的特点。因此，我们应该尝试建立一个相对完善的学生心理干预机制，以预防实训中的危机。建立完善的心理干预机制，不仅可以缓解学生危机发生后的紧张、恐惧等负面情绪，避免危机后的心理创伤和异常行为倾向，同时也能发现学校潜在的矛盾，解决可能引发学校危机的潜在矛盾。各高职院校应加强学生心理干预机制，预防实训危机，做好学生心理危机的预防和治疗工作。第一，对学生进行心理健康教育，尤其要重视日常宣传教育；第二，帮助学生学会处理日常生活和同学之间的矛盾，增强自我调节和与他人相处的能力；第三，建立学生心理咨询中心，为学生提供专业的心理咨询服务；第四，建立学校、班级、宿舍和个人参与的全面心理危机预防体系，确保信息的及时、顺利传递；第五，制定完善的危机应急心理干预流程，启动危机应急心理干预系统，在第一时间反馈危机信息，把握心理危机干预的最佳时机，对危机现场进行调查、监控或疏散，并向公众发布危机信息。一般来说，干预的最佳时间是24~72小时；第六，完善心理危机监测体系，主要针对部分心理危机严重的学生，对其进行24小时监测，通知家长，并及时向有关领导汇报；最后，进行心理危机干预后的随访关注。心理危机干预后，学校还必须制订心理康复计划，对当事人进行跟踪观察，并定期报告其康复情况。通过以上程序和步骤，从日常心理干预和危机后心理干预两个方面，建立和完善高职院校学生危机预防心理干预机制，从而进一步保障学生的心理安全，在危机发生前和发生后保护学生的合法权益。

四、监督检查机制

针对目前高职院校实训危机防范没有相应的监督检查机制的现状，我们呼吁教育行政部门落实学校危机定期报告制度，教育部门定期对高职院校的危机防范工作进行安全检查和评估，各高职院校应定期主动向高等教育部门报告和总结现阶段的危机防范和管理情况，依法建立常设的学校安全监督检查机构，加强对高职院校危机管理的检查监督，只有建立和完善有效的危机管理和监督机制，才能保证高职院校实训危机防范机制的良性运行。

针对高职院校危机管理组织体系不完善的问题，建立一套垂直的危机管理指挥体系，既能保证危机管理指挥体系的权威性，又能提高管理效率；还要充分考虑各部门的工作优势，调动一切积极因素，实现资源的优化配置，从而提高学校整体防范和应对危机的能力。高职院校的危机管理应该力求危机管理主体多元化，明确学校、家庭和政府在学校危机管理中的责任，争取社会的理解和支持，进而完善危机管理组织体系，保障师生生命健康安全和人身公共财产安全，维护正常的教学科研秩序和环境。此外，还需要严格管理，落实责任制。各部门分工负责，避免在危机应对与处理、危机总结与评估阶段出现相互推诿、推卸责任的现象。

五、资金投入机制

目前，高职院校的危机防范资金普遍不足，缺乏专项资金。首先，高职院校的危机防范应加大人力、物力和财力的投入。特别是要加大财政投入，确保投入的每一分钱都能有效地用于危机管理。加大高职院校危机管理专项资金建设力度，全面保障危机监测设备的配备、更新和维护，确保硬件设备、校舍等建设设施的安全管控。其次，建立危机物质保障和财务保障体系。在危机发生之前，安全管理部门应该做好充分准备。在危机发生后，要能够提供足够的资金和物资，并及时进行调度，包括人力、物资、救援工具和基础设施等常用物资的供应。还应确保高职院校的医院和安全管理办公室有人员值班，以随时应对危机。

高职院校的危机防范实践工作必须持之以恒。危机预防关系到全体师生和教育教学的各个环节。高职院校应重点加强师生日常危机防范意识的培养，提高师生在危机预防、应对和恢复阶段的知识、技能和心理素质，提高学校整体危机应对水平。高职院校应加强危机的日常防范，培养师生及相关人员思维的深度、广度和前瞻性，注意消除安全死角、心理死角，避免管理死角，加强对教师和学生的日常教育和培训，以应对危机。

六、信息反馈机制

高职院校实训的危机管理机制应包括危机前的预防机制、危机中的应对机制和危机后的恢复机制。应建立有效的危机管理反馈机制，及时应对危机管理任何阶段的问题。忽视危机管理的反馈机制意味着同一类型的危机事件可能会反复发生，学校必须加强对危机事件的反思和总结，为下一次危机事件的处置提供参考。

危机恢复阶段的总结和评估也为新的危机预防提供了有价值的反馈。危机平息后，高职院校危机管理团队或危机管理者应及时总结经验教训，对危机进行综合评估，为完善高职院校实训的危机防范机制提供反馈信息和参考，进一步完善危机防范计划，防止类似危机再次发生。危机的平息并不意味着危机管理的结束。管理者应该吸取有效经验，化危机为机遇，不断提高组织的危机防范能力。危机预防是指以预防控制危机为目的，对潜在危机及其发展趋势进行监测、诊断和防控的一种特殊管理活动，其目的是防止危机的发生或降低危机发生后的危害程度，确保组织处于良好的运行状态。

第三章 高职院校食堂安全管理研究

第一节　高职院校食堂安全管理内涵分析

一、高职院校食堂安全的工作特点

高职院校食堂服务保障具体体现在以下几个方面：

安全控制对象的多样性。高职院校食堂工作的主要内容是食品制作和销售。食品作为安全控制的对象，种类繁多。根据出入境检验检疫系统的分类和统计方法，可分为粮食、糖、水产品、冷冻饮料、罐头、食用油、调味品、糖果、肉和肉制品、坚果、油炸食品、水果和蔬菜、蛋和蛋制品、牛奶和奶制品、饮料、酒精、蜜饯、糕点、包装容器、食品添加剂等类别。安全控制对象类别的多样性决定了食堂安全控制的复杂性。

影响食堂安全的因素多种多样。高职院校食堂以中餐为主，即食性强，操作流程复杂，原料种类繁多，烹饪方法多样。例如，中国食品有很多加工方法，比如煎、蒸、炸、烧和炖等。环境布局、炉灶形式、火力强度和后期管理作为系统的一部分，对食堂工作都有显著的影响。然而食堂的工作过程更多地由员工自身经验决定，没有统一的计量标准。可以说，高职院校食堂餐饮工作的规范性有限，安全可控性不强。

在长工作链下，安全控制的重点是多变的。从食品原料采购到检验检疫，再到库存储存、食品加工和卫生管理，食堂工作环节复杂、参与者多。在每个环节中，由于工作对象的变化，安全工作重心也会发生变化。

影响因素作用路径的复杂性。在食堂系统中,员工行为、操作工具、各种食材、就餐环境和日常管理相互影响、相互关联;在食堂体系之外,服务对象等因素也在一定程度上影响着食堂的内部运作。例如,如果加工食品没有完全售出,剩余食品的处理和储存就会出现问题;就餐者的卫生习惯也直接影响餐饮卫生环境的建设等。作为一个系统,食堂内外的各种因素相互交织,共同决定着高职院校食堂的餐饮服务质量和安全。[1]

二、高职院校食堂安全的内涵界定

根据高职院校食堂安全工作的特点和各利益相关者对高职院校食堂安全的要求,借鉴国内外煤矿、化工、机械等行业本质安全理论的研究成果,可以认为,高职院校食堂的本质安全应处于这样的状态:根据现有的饮食习惯和食品技术,在覆盖高职院校食堂所有工作环节方面,加强安全管理,使高职院校食堂的人、物、环境、管理等各项服务内容始终符合提供安全、可靠、健康、适合师生食用的食物,确保提供的食品符合国家食品安全标准。

4M系统理论是由美国国家航空航天局提出的。根据其定义,人、机器、环境和管理构成了一个影响安全和质量的系统。这一理论对于理解影响高职院校食堂本质安全因素的构成具有重要意义。由于高职院校食堂工作不同于一般加工制造业,机械(设备、机器)对食堂本质安全运行的影响不明显;主食和副食,以及调味品和其他原材料的供应,在食堂的本质安全运行中所起的作用大于设备。因此,可以通过将"机器"替换为"材料"来优化模型。高职院校食堂本质安全管理是一个由人、物、环境和管理组成的复杂系统,这四个方面的内容密切相关,相互影响,相互制约,较好地覆盖了造成高职院校食堂安全事故的因素。

此外,强调以"物"代"机",还可以克服高职院校后勤餐饮服务体系的组织管理结构对食堂本质安全的不利影响。目前,由于分工细化,高职院校后勤餐饮服务采购环节与食堂运营环节普遍分离,导致食堂安全管理理论与实践没有将餐饮服务采购与食堂运营紧密结合。一般研究仅从食堂运行的角度阐述了高职院校食堂的安全管理,将"机"改为"物",将食堂本质安全管理从加工延伸到采购和储存,同时向后延伸到垃圾处理,在一定程度上有利于形成高职院校食堂本质安

---

[1]张春生,董良飞,石文,等.HACCP在高校食堂食品安全管理中的应用[J].食品工业,2016,37(09):191-193.

全管理的系统合力。

从界定高职院校食堂本质安全的内涵出发,高职院校食堂本质安全应具有四个特征:标准的合法性、因素的相关性、联系的系统性和影响的整体性。

三、高职院校食堂安全的主要特征

(一)标准的合法性

判断高职院校食堂是否符合本质安全标准,首先是生产的食品符合法律的安全要求。这里的安全要求是一种相对安全。"食品安全"是指食品无毒无害,符合规定的营养要求,不对人体健康造成急性、亚急性或慢性危害;根据安全程度,可分为绝对安全和相对安全。绝对安全是指所提供的食品不含任何有毒、有害物质,不会对人体健康造成任何可能的危害;在相对安全的情况下,只需要一种食品或食品成分,在使用方式合理和使用量正常的情况下,不会导致实际确定的健康损害。相对安全理论更合理,因为它充分考虑了食堂的食品生产、食用方式、食用量以及消费者自身的一些内部条件。具体来说,高职院校食堂对本质安全判断标准是提供的食品符合国家标准或行业标准,判断依据为《中华人民共和国食品安全法》《中华人民共和国食品安全法实施条例》。

(二)因素的相关性

人、物、环境、管理构成了影响高职院校食堂本质安全的系统,但这些因素并不是孤立的,而是相互关联、相互制约的。其中,环境因素是前提。环境为高职院校食堂本质安全管理提供了空间。由于食堂工作环境和加工设施设备布置确定后难以改变,因此在高职院校食堂本质安全管理中,环境因素可以视为一个常数。在食堂本质安全系统中,物质因素是食堂安全管理的基础和外在表现。由于物质因素涉及面广、种类多、管理人员多、安全标准复杂,也是高职院校食堂本质安全管理中最大的变量。人的因素是关键,环境的建设、管理的优化和材料的选择都要由人来实施。管理因素是载体,管理是人为因素发挥作用的具体渠道。同时,管理也可以对人为因素做出反应,限制人为因素的某些主观和可变成分。

（三）联系的系统性

高职院校食堂的本质安全关系到高职院校食堂工作的方方面面。在工作环节上，涉及主副食品等原材料采购、原材料储存、生产加工、前台服务、餐后残渣收集、剩余食品处置、剩余材料仓储等多个环节；工作对象包括主食、副食、添加剂、调味品、洗涤用品、设施设备等；从参与者的角度来看，包括采购员、检验检疫人员、仓库管理员、厨师、清洁人员、服务人员和食客；生产服务现场包括市场、仓库、后厅、前台、大厅等场所；管理过程包括计划、实施、控制等环节。然而无论如何划分，所涉及的诸多要素都可以概括为四个方面：人、物、环境和管理，它们共同构成了高职院校食堂必不可少的安全管理体系。

（四）影响的整体性

高职院校食堂安全事故的发生一般表现为食源性中毒或其他不良反应。直接原因是食堂提供的食品有毒、有害或不符合法律规定的标准，这是物质原因的外在表现。然而，更深层次的调查通常是由人、物、环境和管理四个因素中的一个或多个共同作用引起的：①人、物、环境、管理四个因素单独导致高职院校食堂安全事故的发生；②系统中的任何因素都可能引起或导致另一个或多个因素的质变，进而导致高职院校食堂的安全事故；③系统中的任何因素都可能与一个或多个其他因素共同导致高职院校食堂安全事故的发生。

从高职院校食堂本质安全的内涵和外部特征可以看出，高职院校食堂本质安全管理是一个复杂的人、物、环境、管理系统，系统内部因素呈现出多维非线性关联。实现本质安全的高职院校食堂应具备以下条件：①单独的个人因素具有安全性和可靠性；②独立的物因具有安全性和可靠性；③独立的环境因素具有安全性和可靠性；④独立的管理因素具有安全性和可靠性；⑤当个体因素具有安全性和可靠性时，由个体因素相互作用构成的系统具有安全性和可靠性，不会导致食堂安全事故。具体而言，相关人员具有良好的安全意识，满足安全工作能力的要求，能够正确反映不安全行为；食堂设施设备运行良好，工作环境、就餐环境符合安全设计标准；采购和使用的主副食品原料和其他物质的质量符合规定要求；建立完善的安全管理组织体系和制度，在良好的激励机制和约束机制框架下，有效地实施安全管理体系。

从以上分析可以看出，高职院校食堂的本质安全性表现为四个因素的函数：人为因素、物质因素、环境因素和管理因素。高职院校食堂安全管理中的人、物、环境、管理四个因素及其相互的关系，影响和决定着高职院校食堂的本质安全水平。[1]

可见，高职院校食堂的本质安全是从原料到食品的安全管理过程，人、物、环境、管理等因素是动态联系的。当人、物、环境、管理等系统构成因素相对可靠时，通过人、物、环境、管理的和谐互动，高职院校食堂的本质安全水平可以达到预期的目标水平。

---

[1] 王安琪，黄可慧，刘阔阔，等.北京市部分高校食堂面制食品铝污染及学生铝食用安全KAP调查[J].中国学校卫生，2016,37(01):27-29.

第二节 高职院校食堂安全因素分析

一、高职院校食堂本质安全人因分析

人是食堂餐饮服务保障的主体,食堂职工是高职院校食堂本质安全管理中最活跃的力量。高职院校食堂本质安全管理体系的实施取决于食堂员工的决策能力和执行能力。食堂设施和设备的维护和运行,各种主食和副食原料的采购和加工应由员工直接完成,工作环境的建设和优化以及服务环境的创造也应由食堂员工承担,食堂工作人员的状况直接影响和制约其他因素的有效性。然而,由于具体食堂员工的身体状况、岗位经历、知识水平、文化程度、年龄、工作经历、社会经历和家庭情况的差异,导致个体行为的差异,这使得人成为高职院校食堂本质安全管理中最不确定的因素。一般来说,食堂员工的状况在很大程度上决定了食堂的本质安全水平。

(一)高职院校食堂从业人员队伍现状

目前,高职院校食堂工作人员的特点非常相似。总结来说,高职院校食堂工作人员具有以下特点:

1. 人员队伍呈现出金字塔形的结构

高职院校食堂工作人员一般可分为一线操作人员、管理控制人员和决策者。决策者具体负责食堂的规划、预算、组织和建设,监督和控制食堂的整体运营和安全秩序,约占员

工总数的1%；管理和控制人员负责食堂计划和预算的具体实施，从过程上控制着食堂的安全，约占员工总数的5%；一线操作人员具体负责食堂物资采购、食品加工、日常服务等工作，占员工的大多数。这种组织结构是在高职院校后勤社会化改革十多年的实践中逐步形成的。管理层次少，管理范围大，不仅有利于信息的及时准确传递，也有利于发挥一线经营者的积极性和主动性，更好地满足食堂管理的实际需要，尤其是高职院校的安全管理。然而，这种结构对基层安全工作的执行能力和决策者的顶层设计能力提出了很高的要求，这需要广泛的培训和教育。

2. 人员素质普遍偏低

虽然高职院校食堂的组织结构较为科学，但高职院校食堂的本质安全尚未真正实现，食品安全事故也没有从根本上消除。原因之一是食堂员工的素质与这种组织结构的要求不一致。目前，高职院校食堂工作人员的主体从业人员整体教育水平不高。一般来说，只要他们身体健康，符合基本要求，就可以被雇佣。他们从事的工作通常被认为是一种简单的体力劳动；虽然高职院校食堂重视职工的培训，但职工接受再教育的积极性不高，系统培训没有达到预期效果，职工对食堂安全认识不足。他们大多依赖经验和感受，安全工作能力较差，没有有效执行操作规程和安全要求，导致食堂出现安全隐患。

3. 激励效果错配明显

除了人员素质低外，高职院校食堂管理措施没有形成有效的激励机制和约束机制，这也是未能实现本质安全的重要原因。现代科学已经证明，人的行为和工作效率不仅受到生理因素的制约，还受到社会环境和社会心理的影响。根据美国社会心理学家、比较心理学家亚伯拉罕·马斯洛的需求层次理论，人的需要按层次可分为五个层次：生理需要、安全需要、感情需要、尊重需要、自我实现需要；此外，只有当低层次的需求得到最低限度的满足时，人们才会进一步追求更高层次的需求，并成为他们继续努力的动力。高职院校食堂一线经营者占职工的绝大多数，处于谋生状态，月平均收入处于调查的最低水平；同时，由于一线操作人员是在职人员，他们不能加入工会、党和团组织，也无法参加相关文化和体育活动来满足他们职业生涯中的感情需要。管控人员和决策者的收入水平与一线操作人员的收入水平存在显著差异。他们处于职业导向状态，纯物质的激励作用很小。但是，由于这两类人员的年龄和文化程度不符合干部选拔任用的刚性要求，也很难通过职务晋升来实现尊重需要，以及自我实现的需要，即在高职院校的食堂系统中，没有具体有效的激励措施，员工做得好和做得差并没有明显的不同。能够充分发挥主观能动性，做好食堂本质安全工作的氛围和环境尚未形成。一般来说，影响高职院校食堂本质安全的因素有两个，一个是人们的体质是否健康，另一个是人们的行为是否安全。这两个问题都会导致食堂安全事故。

（二）高职院校食堂从业人员的健康体质的影响和安全控制

高职院校食堂是餐饮服务业的一个子行业。员工的健康状况对安全状况起着至关重要的作用。疾病和身体伤害可能会造成食品污染，并导致安全事故。因此，国家实行了严格的资质管理和许可证制度，高职院校从事食堂工作的人员要参加体检，并持有相关健康证书；同时，他们应该保持日常健康，不应患有伤寒、痢疾、肝炎等胃肠道疾病，不应患有渗出性皮肤病、肺结核等危害食品安全的疾病，也不应患有不适合在食堂工作的其他疾病。

（三）高职院校食堂从业人员的不安全行为和安全控制

不安全行为中的一类是无意识的失误行为。在这种情况下，员工没有违反规则的主观意图，只是受人类知识和经验的限制，导致不安全行为，可分为偏差、疏忽等类型。另一类是有意识的违规行为。行为人知道自己的行为是违反操作规程的不安全行为，但出于某种动机，他认为自己的行为不会导致安全事故或允许此类后果发生，因此他采取了不符合安全管理要求的错误行为，以实现其预期目标。高职院校食堂的不安全饮食行为在很大程度上是一个认知问题，即是否愿意遵守操作规程；一小部分是能力问题，即是否有能力减少和防止不安全行为的发生。

高职院校食堂从业人员的不安全行为的特点主要表现为：

第一，客观性。人类个体之间有很大的差异。高职院校食堂工作中必然存在一部分人员，其自身能力和素质不能满足相关要求；情绪的起伏会导致食堂工作人员在特定时间点偏离正常的行为轨迹；此外，人们的行为也受到外部环境的制约。外部条件的变化将在很大程度上影响人们的行为。例如，没有佩戴口罩的食堂售卖人员经常出现在炎热的夏天。当然，人们不会主观追求不安全行为的发生，但由于影响因素广泛，食堂工作人员的不安全行为或多或少是不可避免的。

第二，复杂性。原则上，不安全行为的影响因素一般是指与人类行为有关的所有因素，包括体重、身高、体力等生理因素，人格、情绪等心理因素，知识水平、经验积累和信息储备等认知因素、责任感、使命感等道德因素，以及环境影响等因素。

第三，可控性。正如马克思所指出的，人是社会关系的产物。人作为社会关系的产物，具有很强的可塑性。虽然导致食堂工作人员的不安全行为的因素很多，但这些生理因素、心理因素、认知水平、外部环境、组织管理等影响因素可以通过适当的方式加以改善，从而影响人们的行为，减少和控制食堂工作人员不安全行为的发生。

不安全行为的控制可以分为三种类型：概念控制、技能控制和规则控制。概念控制主要通过安全文化教育培训等手段，从观念和价值观方面引导行为；基于技能的控制主要依靠技能学习、实践锻炼等手段来提高员工的素质和能力，达到影响行为的目的；规则控制主要通过建立健全约束机制和激励机制，发挥奖惩的正负导向作用，强化员工的安全行为，对食堂员工的不安全行为起到控制作用。

二、高职院校食堂本质安全物因分析

（一）高职院校食堂本质安全物因概念的优化

4M 系统理论由美国国家航空航天局提出，用于航空飞行器的使用和管理。它由四个方面组成：人、机器、环境和管理，它具有典型的行业特征。其中，机器是传统工业活动的主要对象。在高职院校食堂中，设备是重要的物质基础，是安全管理的重要对象。它是人员发挥行为控制和功能的特定媒介。特别是随着食品生产销售自动化、机械化水平的不断提高，设备的安全状况直接影响和制约着食堂的本质安全水平。然而，食堂工作的服务属性和餐饮安全管理的特殊性决定了只突出设备对食堂安全的作用，并没有很好地揭示影响高职院校食堂本质安全的因素。因为除了基本的厨房设备外，主副食品原料、食品添加剂、洗涤剂等相关物品也贯穿于高职院校食堂工作的所有四个环节；此外，通过对近年来发生的食堂中毒事件分析发现，食品原料、食品添加剂和洗涤剂的安全性在很大程度上决定了整个高职院校食堂服务环节的本质安全性和可靠性。

案例 1：某学院食堂午餐后 40 分钟，一些学生出现上腹部不适、消化道黏膜烧灼感、呕吐、腹泻、头晕等症状。发病人数在午餐后 3 小时达

到峰值，共有 170 人。经核实，是烹调的马铃薯发芽，导致龙葵素中毒。

案例 2：2003 年 3 月 19 日，辽宁省海城市兴海管理区 8 所学校的 3936 名学生和 260 名教师集体饮用豆浆。上午 10 点 20 分，部分学生出现腹痛、头晕、恶心等症状，2556 名学生出现不良反应。经证实，生豆浆未完全加热，导致胰蛋白酶抑制剂和皂甙中毒。

案例 3：2005 年 8 月 3 日，陕西省一家食堂发生食物中毒事故。食堂里有 80 多人吃了青椒、鲜花和花椰菜炒肉。餐后 30 分钟出现恶心、呕吐、头晕等症状，共有 65 人患病。经核实，这是由鲜黄花菜中的秋水仙碱中毒引起的。

由此可以看出，原材料、食品添加剂、洗涤剂等相关物品的不安全状态导致了更直接的安全事故、更广泛的影响和更大的危害，在高职院校食堂本质安全管理中起着与设备同等甚至更重要的作用。因此，为了充分揭示高职院校食堂的本质安全规律，本著作拟用物（MATERIAL）代替原有 4M 系统理论中的设备（MACHINE），从而扩展部分 4M 理论的外延。替换后的概念可以更准确地解释高职院校食堂本质安全的管理目标，进而准确分析相关影响。

（二）高职院校食堂物的主要内容

影响高职院校食堂本质安全的物，是食堂工作范围内相关人员准备、加工、销售和后续处理的对象，主要包括设备和物资。

1. 设备

加工设施和设备是高职院校食堂为满足服务对象的需要，方便地完成原材料的预处理、加工和储存而提供的生产设备、工艺设备和辅助设备。

一般包括：加工设备，包括炉子、油烟排放系统、面团搅拌机、馒头机、绞肉机、热水器、电烤盘等必要设备；炊具，包括蒸笼、送货车、收货车、加工工作台、容器、菜架、菜篮子、加工工具、卖菜盆、汤桶、卖菜工具、快餐盘、筷子、勺子等必备炊具和餐具；清洁消毒设备，包括紫外线消毒筷笼、蒸汽消毒柜、清洗柜等必要的消毒设备；制冷设备，包括冷库、制冷柜及控制设施和设备；微机系统，包括水电控制系统、数据存储系统、餐饮系统等必要的数据处理工具；害虫防治设备，包括必要的害虫防治纺织设备，如纱帘、纱网、防蝇帘、防鼠网、捕鼠器、粘鼠板、灭蝇灯和诱饵；消防和防盗设备；等等。

2. 材料

材料是指参与食堂食品加工过程并可自行加工成食品的物品，包括原材料、成品或半成品形式的食品，或涉及食品加工以改善食品味道、安全和健康的物品，通常包括主食和副食原料、食品添加剂和食品相关物品。

主食和副食原料是指通过加工供人食用或饮用的物品，包括米粉、粮油、肉、蛋、禽、奶和各种蔬菜；食品添加剂是指为提高加工食品质量或满足防腐、保鲜和加工技术需要而添加到食品中的物质，包括抗氧化剂、酸味剂、疏松剂、增稠剂、发泡剂等；食品相关物品：主食、副食原料和食品添加剂以外的物品，包括包装材料、容器、洗涤剂、消毒剂等；食品是指供人类食用或饮用的成品和半成品。

（三）设备的本质安全分析和安全控制

1. 设备的可靠性分析

设备可靠性是指设备发挥应有的功能完成规定任务的能力。一般来说，可靠性是用来衡量设备的可靠程度的。由于设备具有一定的使用寿命，在规定的使用寿命内，设备完成设定功能的概率为可靠性。一般来说，设备的可靠性呈曲线规律。在使用磨合期，发生安全事故的概率较大；随着进一步使用，所有部件都有效地磨合。在使用寿命范围的初期阶段，安全事故发生的概率随使用时间的增加而降低；然而，随着长期使用，设备发生安全事故的概率将继续增加。这种规律性变化可分为三个阶段。

（1）前期磨合阶段。在这个阶段，设备的可靠性呈现出前期高后期低的趋势。一方面，造成安全事故的原因是设备制造过程中产生的隐患在使用中暴露出来，如：炉子使用的材料达不到行业标准，排烟通道设计直径达不到标准等；另一方面，它是设备与系统之间其他因素的匹配和磨合，如热水系统与水的硬度之间的不协调等。为防止现阶段安全事故的发生，应加强对新投入使用设备的验收和检查，提高设备的可靠性。

（2）正常使用阶段。在这个阶段，设备的可靠性呈现出前期和后期高，中间较低的趋势。设备早期发生安全事故的概率较小。随着设备的进一步运行，由于设备中部件的消耗和磨损，设备的稳定性逐渐降低。良好的维护将减少现阶段设备安全事故的发生。

（3）后续维持阶段。在这个阶段，虽然设备的设计使用寿命已经结束，但在适当的维护条件下，设备仍然可以有效地发挥其功能。但由于老化和损耗，设备的事故率持续上升，直到设备完全失去维修价值，达到报废状态。在这种情况下，预防安全事故的手段是加强维护。

2.设备发生事故的原因分析

（1）设备本身的原因。食堂设备必须保证生产出的食品的质量，并充分考虑食堂的工作环境。生产设备的原材料一般是防水防腐的，使用的材料必须达到食品级，以免造成加工食品的交叉污染。

（2）维修保养的原因。食堂的工作环境一般为高温、高湿、油烟大。在这种情况下，设备的日常损耗和部件的磨损非常严重。设备在运行一段时间后，即使仍在使用寿命内，其安全性也会不同程度地降低，这就需要对食堂设备进行仔细维护，否则可能会因设备故障而发生安全事故。

（3）设备使用的情况。设备事故发生的概率在一定程度上与设备的日常使用密切相关。经常使用的设备发生安全事故的概率高于不经常使用的设备，长期使用的设备发生安全事故的概率高于新购买的机器。设备使用对设备可靠性的影响通常是随机的，难以预测。

（4）系统影响的原因。食堂是一个由人、物、环境和管理组成的系统。设备作为物的一个方面，也受到系统中其他因素的影响。人为误操作、特殊操作环境对设备的腐蚀、管理不善等都会导致设备安全事故。

3.设备的安全控制

（1）优化设备的设计。良好的设计是设备安全运行的先决条件。完整的安全测试和部件试验将大大提高设备的风险承受能力。尤其是大型食堂设备，如炉灶和供电系统，大多与后堂一体式设计，一旦完成，它们将被使用很长时间，很难轻易改变。因此，有必要提前充分论证。根据食堂的要求，采取定制措施，开发专用设备，实现特定功能，预防和控制不符合使用要求造成的安全风险。在设备的设计阶段，应充分考虑后续维护的便利性，以确保设备在发生故障时易于检测和修复。

（2）增强设备的强度。与一般服务业相比，食堂后堂的环境对设备的使用有很大的负面影响。因此，在设备制造过程中，应采取适当的措施，如使用不锈钢设备，加强常见零件的强度，以提高设备的可靠性，尽可能延长设备的使用寿命，更好地减少和消除湿度和高温对设备运行的不利影响。

（3）完善设备的维保。日常细致的维护可以有效延长设备的实际使用寿命。一方面，应对设备本身和部件的日常损耗、老化和疲劳进行维护；另一方面，要做好预防性试验，加强人机系统的安全试验，提高设备的可靠性；此外，还要掌握设备事故和设备老化的规律，做好维修配件和备用设备的充足配置，特别是加强液化气、双回路电源等能源备用设备的配置。

（4）加强系统的管理。设备依赖于人在环境中操作，标准化管理使设备的使用高效有序。要加强设备使用人员的使用技能和后勤维修人员的维修技能，做到小事故及时处理，重大隐患及时解决。同时，制定相应的操作规程和使用流程，推广标准化的设备操作方法，为设备的安全使用提供制度保障和严格约束。

（四）材料的本质安全分析和安全控制

食品、主食和副食原料、食品添加剂等是高职院校食堂安全事故发生的最直接原因。材料的本质安全管理水平直接制约着高职院校食堂的本质安全水平。由于食品是由主食和副食原料、食品添加剂和食品相关物品产生，其质量主要由主食和副食原料、食品添加剂决定。在这里，我们主要调查主副食品原料、食品添加剂的安全隐患。

1. 高职院校食堂常见的由材料导致的安全事故

在高职院校食堂中，由材料引发的安全事故主要包括物理类安全事故、化学类安全事故和生物类安全事故。高职院校食堂放射性物质引发其他安全事故的概率很小，其影响可以忽略。在由材料引起的三大安全事故中，生物类安全事故较为常见；近年来，随着苏丹红、甲醛、克伦特罗等化学污染的不断增加，化学类安全事故时有发生。

（1）物理类安全事故，一般情况下，加工食品不符合食品卫生要求，且含有非食品成分，可能会引起食客的心理或生理不良反应。例如，有石头、昆虫、毛发、老鼠粪便和其他污染物、玻璃碴、金属碎片和其他导致意外伤害的物质等。

（2）化学类安全事故，一般情况下，加工食品中含有非国家或行业认可的化学品，可能对人体造成危害，包括食品中汞、镉重金属超标，农药、抗生素、兽药残留超标，不合格午餐盒中塑化剂超标等，会导致急性或慢性食物中毒。

（3）生物类安全事故，一般表现为在加工过程中无效的生物毒素造成的危害，如发芽马铃薯中的秋水仙碱、草鱼和鲢鱼胆汁中的氰甙、生豆浆中的皂甙引起的中毒;另外,微生物、寄生虫和昆虫,都可导致食品污染,如发霉花生中的黄曲霉素、不合格肉类中的猪绦虫虫体,可导致食物中毒、食源性传染病、食源性寄生虫病和食物腐烂。

2. 高职院校食堂材料方面危险源分析

导致高职院校食堂安全事故的物质主要是对人体健康有害的物质。在高职院校食堂中,常见的物质危险源包括:

(1)细菌。一方面,细菌导致食品腐败和变质;另一方面,细菌本身或细菌在生长和繁殖过程中产生的毒素可导致食源性疾病或食物中毒。对食堂安全构成威胁的常见细菌包括大肠杆菌、金黄色葡萄球菌等。细菌可能会在食品加工前、加工过程中、储存和销售过程中污染食品。加工过程是细菌污染机会最多的环节,可通过水、空气、不干净的手、苍蝇、发酵食品等污染。同时,细菌种类繁多,其生存和繁殖受季节、温度、湿度和 pH 值的影响很大,食堂使用的所有材料都是细菌污染的对象,而不符合加热要求的剩菜、冷盘和肉制品最容易受到细菌污染,导致食品安全事故。

(2)霉菌。典型的霉菌是黄曲霉素,它最常见于发霉的花生和玉米上。霉菌会破坏食品并产生毒素,严重危害使用者的健康。如果一次食用大量被真菌毒素污染的食物,就会发生食物中毒;如果长期食用少量被真菌毒素污染的食物,也会发生严重后果。在食堂中,谷物、干果、调味品、乳制品、蔬菜等主食和副食原料是霉菌的常见污染对象,但并非所有霉菌都是产毒菌株。只有在适当的条件下,霉菌才能成为产毒菌株;因此,破坏霉菌毒素产生的环境条件是防止霉菌污染的根本措施,包括控制温度、降低湿度、筛除受损谷物等。

(3)病毒。病毒对食品的影响主要是通过病毒携带者的间接影响或被病毒感染的物质的直接影响。由于病毒的性质,受污染食品的高发期在秋季、冬季和早春。污染对象主要是主副食品原料等食品相关物品,食品添加剂受病毒污染较小。污染食品的常见病毒包括肝炎病毒、禽流感病毒、口蹄疫病毒等。一般来说,病毒对热敏感,充分加热、紫外线和过氧乙酸可以在很大程度上消除病毒。

(4)老鼠和昆虫。老鼠和昆虫是污染食堂材料的重要安全隐患。其中,老鼠携带细菌和寄生虫等病原体,不仅污染和浪费食物,还传播疾病;苍蝇和蟑螂是污染食堂材料的主要昆虫。它们通常携带细菌、病毒和多种病原体。他们在活动中污染食堂材料，对主食、副食原料和食品成品的危害最为严重。同时，螨虫也会在一定程度上污染食堂材料，其中对粮食、糕点和干货的污染最为严重。

（5）食品添加剂。食品添加剂不仅是食堂材料的主要内容之一，也是污染其他食堂材料的污染源之一。食品添加剂本身就是为了改善食物的味道和质量，或者满足防腐的需要。在科学使用量范围内，不会对人体健康造成危害。食品添加剂对食堂材料的污染主要是由滥用造成的，包括使用不允许添加的品种，如被苏丹红污染的腌制鸭蛋；不按照规定的使用范围和用量使用，如腌肉制品中过量使用防腐剂；降低标准、使用工业级添加剂；等等。

（6）农药、兽药残留。农药和兽药主要用于控制病虫害，有目的地调节动植物的生理机制，人类不能直接食用。然而，由于种植业和养殖业滥用农药和兽药，中国每年使用的氮肥超过 2500 万吨，农药超过 130 万吨，分别是世界水平的两倍和三倍。农药和兽药残留给食品安全带来巨大隐患。一方面，它们可能会直接造成食堂原材料的污染；另一方面，由于食物链的逐渐丰富，它们可能会积聚在谷物和蔬菜、水果、鱼虾、肉、禽、蛋和牛奶中，从而污染食堂提供的食物。

（7）原材料自带毒素。主要指作为食堂材料的动植物成分，对人体健康有害。这些成分的不良影响部分可以通过适当的加工方法消除。常见的含有毒素的原料，包括发芽的土豆、生豆浆、新鲜花椰菜、新鲜银杏、未加工的菜豆、普通淡水鱼的胆汁等。

（8）其他安全隐患。不合格食品包装材料造成的污染，如发泡饭盒、回收材料制成的餐具等；由于餐厅没有严格执行操作规程，造成的成品食品中出现了不属于食品成分的异物。

3. 高职院校食堂材料方面危险源致因分析

根据有毒、有害物质的来源，高职院校食堂材料中危险源的产生渠道可分为三类：

（1）物质本身含有天然毒素。

（2）内源性有毒、有害物质污染。主要在繁殖和种植阶段，环境中的有毒、有害物质通过食物链直接进入动植物并不断积累，成为内源性毒素的来源。

（3）外源性有毒、有害物质污染。主要是在食品制备、加工、销售及后续处理过程中，由于空气、运输工具、加工设备和人员等外部因素对物料的影响而造成的污染。

这三类危险源发生的主要原因有：后厅布局不合理，附近可能有污染源；员工有不良卫生习惯，不能按操作规程工作造成的污染；清洗消毒不当，造成残留污染；生熟原料不分离，造成的直接污染；大量有毒原材料和成品没有得到有效隔离造成的污染；等等。

4. 高职院校食堂材料方面危险控制

（1）严格的索证索票程序。确保食堂使用材料的安全卫生是消除材料中毒素和内源性有毒、有害物质污染的前提。在目前的国家食品安全管理框架下，确定采购物资是否符合安全卫生要求的主要依据是供应商可以提供国家权威机构认证的票证，一般包括相关许可证、营业执照、产品资质证书、动物产品检验合格证及其他证明材料。原则上，可以提供相应票证的供应商提供的食堂材料可以被视为符合法律规定的标准，因此食堂应严格执行证书和票证索赔，以确保材料的安全。

（2）严格的检验核查制度。严格索证索票要求是控制高职院校食堂物资危险源的第一步。但是，由于外部污染和供应商内部控制问题，符合票证要求的材料仍可能存在安全隐患，可能导致使用该材料的食堂发生安全事故。这就要求食堂建立自己的检查、验证和控制体系，掌握餐饮服务中的食品安全法律知识、餐饮服务中的食品安全基本知识和食品感官鉴定常识，能够利用现有条件对物料进行全面的感官检验和理化抽检。

（3）严格的过程控制。除了材料的性质和内源性有毒、有害物质污染外，外源性有毒、有害物质污染在安全事故中也占很大比例。减少外源性污染可以相应减少高职院校食堂安全事故的发生。在食堂提供食物的过程中，严格细化各环节的管理控制，采取有针对性的有效措施，如加强食堂温湿度控制，保持食堂通风干燥，减少细菌和霉菌的滋生；通过全面消毒，阻断病源，配备防护装备，减少病毒污染的影响；设置拦鼠板、纱帘，定期捕杀鼠类，防治病虫害；优化原材料的预处理工艺，降低异物的概率，可以大大减少各种有毒、有害物质对食堂材料的污染。

（4）严格的加工制作。目前，食堂食品的加工主要通过热处理进行，包括烧、煎、煮、炸等加工形式。虽然这些加工方法在消毒和灭菌方面的效果各不相同，但实践证明，热处理基本上可以有效地杀死微生物，分解食品中的毒素，灭活导致食品腐败的细菌。一般来说，在100℃时，病原菌和大多数病毒可在1~2分钟内被杀死。这使得热处理生产方式能够很好地保证加工食品的安全。在严格的采购管理、抽检和过程控制下，严格的加工生产是保证食堂食品安全水平的最后一道防线。

三、高职院校食堂本质安全环境因分析

高职院校食堂环境一般可分为两类：作业环境和就餐环境。它们相互关联，但又有各自的特点，共同影响和制约着高职院校食堂的安全。

（一）高职院校食堂作业环境本质安全分析和安全控制

高职院校食堂的厨房后堂是进行烹饪加工的场所。高职院校食堂的工作环境就是高职院校食堂厨房后堂的环境。安全卫生的工作环境是高职院校食堂本质安全的前提和保证。食堂厨房后堂的规划设计、功能室的布置、工作条件、垃圾倾倒和处理构成了工作环境的要素，对确保高职院校食堂的本质安全具有重要影响。

1. 高职院校食堂作业环境子系统组成

高职院校食堂后堂一般承担物料储存、食品粗加工、切分搭配、烹饪、备餐、销售、垃圾处理等功能。同时，它也是食堂工作人员工作和休息的特定场所，即高职院校食堂后堂具有食品处理和部分非食品处理的功能，可分为食品加工区和非食品加工区两个子系统。食品加工区子系统根据功能定位可进一步划分为四个功能室：操作室、配餐室、物料仓库、清洁区；办公室、卫生间、更衣室等辅助用房可归纳为非食品加工区的子系统。

（1）操作室：指物料加工的场所，包括粗加工区、切割区和烹饪区。粗加工区负责材料的挑选、清理和解冻等前期工作；切割区对初步加工的材料进行切割、称重和组装，将其转化为半成品；在烹饪区，经过粗加工和切割的半成品经过烹饪和油炸等热加工，以完成成品的生产。

（2）配餐室：主要是销售窗口中展示成品的地方，供服务对象选择和购买。

（3）物料仓库：指专门用于储存主食和副食原料、食品添加剂及其他相关物品的场所。

（4）清洁区：为防止食品或相关物品被有毒、有害物质污染而专门设立的用于清洗和清洁的区域，包括用过的餐具、炊具和其他材料。

2. 高职院校食堂本质安全对子系统的要求

高职院校食堂的本质安全首先要求操作室、配餐室、物料仓库、清洁区等在规划布局中把防止交叉污染放在突出位置。所有子系统应远离潜在污染源，如厕所和废物处理区。即使附近有污染源，各子系统也应设置在污染源的上风口，减

少和消除污染源的影响。生熟食品、肉菜等加工作业区应分开；人员和物流的流动应遵循从高清洁区到低清洁区的流动方向；物流应在时间和空间上分开，以防止原材料、半成品、成品和废料之间的交叉污染；保持合理的温度和湿度，切断微生物的生存和繁殖条件，包括细菌、病毒、霉菌等。

符合工艺发展趋势和人体工程学原理。各子系统应根据材料进场流程进行：布置→粗加工→半成品加工→热加工→销售和供应→残渣收集→清洁和消毒。不仅要考虑工艺趋势，而且要为原料进出口、成品进出口和餐具回收通道的使用和分离提供条件，在不增加额外负担的情况下，还要考虑到人体安全操作的便利性。

3. 各子系统内主要设施的安全控制

（1）地面要求。食堂作业区地面应保持水磨石以上的规范和标准，并确保材料无毒、防水、防垢、防滑、易于清洁，外观整洁，无明显裂缝和损坏。

（2）排水要求。食堂作业的粗加工、清洗、消毒、烹饪都需要大量的水，作业区域也需要经常清洗。排水设施的正常运行对防止有毒、有害物质的滋生具有重要意义。食堂保障作业区的排水设施主要有回流坡、地漏、地沟等，回流坡坡度一般大于1.5%。沟槽还应保持一定的坡度，保持通畅。沟槽内不得埋设其他管道，出口处应配备防鼠等装置。

（3）墙壁要求。食堂作业区墙面应采用无毒、防水、防垢、易清洁的浅色材料。高湿度功能房间墙壁四周铺设的瓷砖应达到顶部，其他功能房间的护墙板一般不小于1.5 m。

（4）通风要求。确保食堂作业区的通风，尽量消除加工过程中产生的烟雾、有害气体、蒸汽和异味，降低空气的温度和湿度。如果采用机械通风，应在产生油、烟、雾的设备上方设置通风设施，并安装便于清洗更换的油烟过滤装置和冷凝水排放通道。

（5）虫害控制设施的要求。食堂作业区的门窗应设置纱窗等防尘、防蚊、防蝇设施。粗加工区和烹饪区应使用灭蚊灭蝇灯，它们应悬挂在离地面约2米高的地方，并远离特定的食品生产设备。排水沟和通风口应设置小于6 mm的格栅，防止老鼠和其他有害动物进入，以防止和控制动物污染。

（6）废物处理设施的要求。食堂作业区内所有可能产生垃圾的地方均应设置容器，存放各种垃圾。盛装废物的容器应具有足够的容积，并由固体和防水材料制成。使用时，应加盖密封，防止老鼠、苍蝇等滋生和产生异味。对废弃物实行分类管理，对餐厨垃圾和金属、纸张、塑料等类别进行处理。

（二）高职院校食堂就餐环境本质安全分析和安全控制
1. 高职院校食堂就餐环境与本质安全的关系及危险源

高职院校食堂是高职院校学生的主要就餐场所。虽然食堂和厨房的后厅是分开的，但它们在物理上并没有完全分开。它们是相互联系的，就餐环境的质量也在一定程度上影响着高职院校食堂的本质安全；同时，由于高职院校食堂就餐人数众多，人员密集流动也为细菌、颗粒物等污染提供了机会。造成高职院校食堂食品卫生安全事故的就餐环境风险主要集中在有毒微生物、物理颗粒污染物和化学污染物。

2. 餐饮环境危险源控制

为了控制微生物污染，我们首先应该依靠通风。通过在餐厅内设置通风装置，可以改变餐厅潮湿的环境，改善污浊的空气质量，破坏微生物生长繁殖的条件，阻断有害微生物对食品安全的不利影响。为了控制化学污染物，一方面，应配备由环保材料制成的座椅等餐饮设施，以防止不合格桌椅材料中的有毒、有害物质逸出，危害食品。此外，还应改善通风条件，防止油烟从食堂后厅扩散到餐厅，使烹饪食物过程中产生的多环芳香化合物和其他对人体有害的化学物质迅速挥发和扩散，以减少危害。物理颗粒污染物的控制程度与微生物污染和化学污染物的控制手段相反，必须减少通风，防止因通风而从外部吸入灰尘等细颗粒物。因此，有必要根据季节性天气等实际情况调整通风的节奏和时间，以确保餐厅有适当的温度、湿度和照明条件。同时，加强餐厅的清洁和消毒，使用标准水磨石以上的地面，减少地面灰尘。

四、高职院校食堂本质安全管理因分析

本质安全管理在高职院校食堂本质安全体系中起着特殊而关键的作用。首先，人有主观能动性。因此，人的本质安全受到个体条件和主观认知的制约，具有很大的变异性和随机性，需要系统进行调节和控制。其次，就事物和环境的本质安全而言，它更多地处于一种对象状态，这就要求人们通过系统的媒介发挥作用，否则它必然具有很大的不确定性；同时，一旦设备投入使用，考虑到经济效益问题，

持续优化和改进的成本巨大，调整空间很小；虽然物的不安全状态是高职院校食堂安全事故的主要外在表现形式，但它也在很大程度上受到控制行为、客观条件和人作为主体的影响。因此，有必要建立和完善的管理机制，以科学的管理手段和方法克服人、物、环境的不确定性，实现高职院校食堂本质安全的目标。

（一）高职院校食堂安全管理体系构成

安全管理是高职院校食堂管理体系的重要组成部分，它涉及食堂工作的各个环节，影响因素广泛。一般应涵盖食堂安全关键控制点分析、危害识别、危害评价分析、质量控制、事故预防等各个方面，具体内容包括基础安全管理、食品安全管理、监督核查管理和事故预防管理。

1. 基础安全管理

虽然不是以安全为主要的出发点和落脚点，但食堂的组织、人员配置、责任制的落实、信息和数据的积累等基础管理水平直接制约和影响着食堂的安全。对于高职院校食堂的本质安全而言，完善、健全的基础管理是指食堂根据国家食品安全管理规定，结合食堂工作实际，制定规范、科学、可操作性强的制度，抓好落实，建立完善的安全管理机构，建立高素质的干部队伍。技术队伍和安全管理队伍要落实安全管理责任制，按照管理水平层层负责、层层把关，形成全岗位、全过程的安全管理责任制；严格执行许可证等资质管理规定，包括员工健康合格证、餐饮服务许可证等；追溯管理准确，员工档案、教育培训档案、供应商档案、采购档案、消毒记录、卫生监督检查记录等数据详细可靠，各种情况均可追溯验证；等等。

2. 食品安全管理

食品安全管理是确保高职院校食堂本质安全的管理核心。通过对原材料采购、加工、生产、销售及后续环节的食品安全管理，识别常见的危险源，采取措施加以控制，防止关键点的任何构成因素失控，防止或有效消除隐患，或将隐患降低到可接受的水平。在原材料采购中，要严格管理采购物资的质量，做好验收和储存关键环节的质量控制；在加工环节，从不同角度管理相关关键控制点，从烹饪、清洁、消毒和储存等具体操作环节，以及食堂涉及的个人、环境和材料等因素入手；在销售及后续环节中，应特别注意销售卫生和餐饮垃圾处理两个重要节点的安全控制。通过对食堂工作全过程的精细化、专项化管理，可以有效地消除食堂安全管理的弊端，确保每个环节和因素不超过关键限度，防止安全事故的发生。

3. 监督核查管理

监督核查是安全控制的重要手段，其主要目的是促使食堂工作中负有安全责任的人员自觉通过外力履行职责，或及时纠正不履行安全责任的行为，防止安全事故的发生。监督核查的主体主要来自三个方面：一是食堂系统内部管理人员和安全控制人员，二是服务对象，三是政府和行业组织。在内容上，除了对一般意义上的食堂食品和工作流程进行监督验证外，还包括监督验证后激励机制的实施。只有建立健全奖惩激励机制，加强监督验证结果的有效运用，才能真正实现食堂本质安全的工作目标，促进食堂安全工作效果的实质性提高。激励机制应根据不同岗位和员工的需要设置，从物质、精神到个人价值的实现，以确保激励效果。

4. 事故预防管理

预防是食堂本质安全的应有之义。为了达到预防效果，我们应该同时考虑人、材料和环境的本质安全管理。这必须通过全面的教育和培训，形成良好的安全管理文化，并通过良好的质量检查和完善的应急处置来完成。安全教育培训包括三个方面：安全意识教育培训、安全知识教育培训和安全工作技能教育培训。深入细致的安全教育和培训可以改变人们的认识，提高人们的素质，提高人们的技能，促进自觉的安全行为。当有意识的安全行为成为一种习惯，并建立了一种普遍接受的行为模式时，团队中的安全文化就可以形成。良好的食品质量监控管理要求食堂配备基本的检测工具和专门的信息管理人员，建立完善的动态安全数据库，前瞻性地发现食堂安全事故的规律和重点，提高食堂安全事故防控能力。应急处置可分为四个阶段：计划、准备、响应、恢复。通过提前制定完善的管理标准和应对措施，在管理中注重危险源的发现、识别和风险评估，然后按照事先的计划控制危险、消除事故，主要包括计划制定、应急培训、模拟演练等环节。

（二）高职院校食堂管理漏洞分析

在基础安全管理方面存在的缺陷主要表现为：缺乏基本制度，没有符合国家法律法规和质量标准的详细规定，缺乏基本安全管理依据；安全管理人员队伍薄弱或没有专职安全管理人员，不能有效控制食堂相关环节的安全；安全管理存在体制机制障碍，职责交叉，安全管理存在推诿、监督真空；没有有效的安全事故追溯管理机制等。

在食品安全管理方面存在的缺陷主要表现为：安全管理未能有效覆盖食堂工作

的各个环节，存在顾此失彼的局面；未确定影响单个食堂安全的关键控制点；关键控制点危险源分析无法定量评价，关键控制点限值判断不准确；证书、检票等安全管理基本制度尚未落实，资质管理不到位等。

在监督核查管理方面存在的缺陷主要表现为：安全监督不细致、不深入，流于形式；监督核查结果没有得到有效运用，未能发挥制度应有的威慑作用；安全管理的激励机制没有扎根，没有真正体现奖勤罚懒的作用，做得好与做得差没有区别；激励手段单一，没有根据人们的需要区别对待，激励效果不好；监督渠道单一，安全民主管理体系尚未建立，服务对象最直接的监督作用没有得到体现和发挥等。

在事故预防管理方面存在的缺陷主要表现为：安全设施设备投入欠缺，事故应急处置能力不足；安全教育培训不到位，安全文化未形成，安全意识薄弱，安全行为能力和安全工作技能不高；没有全局和重点领域的应急预案，应急处置缺乏指导性；应急预案执行不认真，日常演练不足，应对突发安全事故效果不好等。

（三）高职院校食堂管理漏洞的控制

针对以上食堂安全管理中常见的管理漏洞，为提高食堂管理的本质安全水平，应从以下几个方面入手。前三个方面主要是控制危险源的事故发生概率，第四个方面是防止危险源恶化为安全事故。

1. 基础安全管理

健全制度，严格遵守法律和政策，建立健全食堂的人事管理、设备管理、物资管理、环境管理、管理主体和管理责任制度，做到有章可循；完善团队建设，决策者、管理者和技术人员三个团队要结合主要职能提高相应的安全管理能力；理顺职责，明确责任，减少职责交叉造成的多头管理和推诿；完善档案，完善档案资料，构建基于供应链的食堂安全管理体系，提高安全管理基本水平。

2. 食品安全管理

全面覆盖，从采购、储存、加工、销售到垃圾处理等各个环节都要进行安全控制，防止仅重视加工轻视其他环节的倾向；识别关键因素，找出影响各环节安全管理水平的关键因素；科学量化，核定安全管理关键环节的权重，形成科学量化指标；严格执行各项食品安全管理制度，加强资质管理，把好准入关，提高食品安全专项管理水平。

3. 监督核查管理

严格监督和加强食堂安全监控；将安全管理监督考核结果与被监督人绩效挂钩；区分需求，采取对各方最具激励作用的措施，有效地鼓励和引导员工实现食堂安全工作目标，特别是在充分发挥食堂内部员工自我监控作用的同时，配合和支持服务对象及相关政府部门对食堂安全进行监督验证，形成联合管理的食堂安全监督机制，提高监督核查管理水平。

4. 事故预防管理

加大投入，改善硬件条件，建设信息化、智能化食堂本质安全控制平台，提高安全防护能力；广泛培训，提高员工的安全意识、安全能力和安全技能，塑造良好的食堂安全管理文化，实现高水平的安全管理文化，同时利用硬件实现初级安全管理；制定和完善应急预案，经常进行演练，提高应急能力和事故预防能力，提高事故预防和管理水平。

第三节 高职院校食堂本质安全管理评价体系的建立

一、高职院校食堂本质安全评价指标选取

安全评价分为定性评价和定量评价。前文从高职院校食堂本质安全的内涵入手，定性分析了影响高职院校食堂本质安全的人为因素、物质因素、环境因素和管理因素，并分析了四个子系统的元素组成、特征性能、作用机理，进一步分析了危险源，建立了四个子系统的内部联系和相互联系模型。然而，仅仅进行定性分析并不能有效地指导高职院校食堂本质安全的实践，因此有必要扩大上述研究成果，进一步开展定量研究，提出高职院校食堂本质安全的模型，并通过数学方法确定食堂本质安全程度。

（一）指标选取的原则

1. **客观性原则**

食堂安全事故的发生和原因是客观的，因此评价食堂本质安全的指标应该是客观的，能够客观反映导致食堂安全事故的规律和机制，所有主观判断的指标都是不可取的。

2. **全面性原则**

建立指标的目的是对高职院校食堂的本质安全性进行定量评价。因此，评价指标必须充分反映食堂安全体系的主要

特征和作用机制，覆盖影响高职院校食堂安全工作的关键节点，反映相关节点特征的指标可以与其他安全评价指标紧密相关，共同构成一个自洽的有机整体。

3. 定量原则

在定性分析的基础上使用数学工具进行定量处理，并获得准确的分析数据。无法量化的影响因素不能反映食堂安全管理工作的本来状态和内在规律。

4. 可行性原则

指标数据可以通过一般的观测方法和测量手段获得，这类评价具有现实指导意义。通过评估可以发现存在的问题，有利于被评估主体改进安全系统，实现本质安全运行。

（二）指标选取的依据

高职院校食堂系统是一个由人、物、环境和管理要素组成的复杂开放系统。高职院校食堂安全事故的发生可归因于上述四个因素中的一个或多个因素的缺陷。其中，物的不安全状态和人的不安全行为是高职院校食堂安全事故的直接原因，二者之间的相互作用导致了食堂安全事故的发生。事物和环境的隐患构成事物的不安全状态；人们自身的疾病状态或行为失误、材料和环境的隐患是导致高职院校食堂安全事故的间接诱因。由于人和事物的不安全而导致安全事故的最根本原因是管理失误。

因此，本研究将高职院校食堂的本质安全分为四个主要指标：管理的本质安全、人的本质安全、物的本质安全和环境的本质安全。在此基础上，结合国标《食品生产通用卫生规范》（GB14881-2013）的规定，将一级指标进一步细分为12个二级指标和30个三级指标，进一步细化为104个评价内容。

（三）指标的量化原则

在高职院校食堂的运营过程中，影响安全和安全状态的各个因素都用语言进行了定性表达，如"身体健康""排烟效果好""原材料在保质期内"，这些表达是模糊定性的，不能作为深入分析、定量评估的输入参数，也不能建立和使用具体的数学公式来反映。对于进一步的定量评估，需要使用特定值来量化评估内容，具体量化没有统一的标准。不同的人对同样的情况可能有不同的量化标准。

二、高职院校食堂本质安全评价体系构建

（一）高职院校食堂本质安全人因指标体系构建

根据之前的相关分析，影响员工本质安全的主要因素是员工的健康状况、安全行为意识和安全行为能力。其中，员工的健康状况受个人体质和外部疾病感染的影响较大。员工的安全意识受安全观念是否正确、能否遵守规章制度的影响，员工的安全行为能力受其基本素质、安全隐患识别和处理能力的影响。

（二）高职院校食堂本质安全物因指标体系构建

从前文对影响高职院校食堂本质安全的物质因素的分析可以看出，影响材料本质安全的主要因素是设备的本质安全、食品原料的本质安全和辅助材料的本质安全水平。其中，影响设备本质安全水平的因素可以进一步分为烹饪设备、清洗消毒设备、制冷设备的本质安全。原料和辅助材料的本质安全水平可以通过食品原料和辅助材料的本质安全来反映。

（三）高职院校食堂本质安全环境因指标体系构建

从以上对高职院校食堂本质安全环境因素的分析可以看出，影响环境本质安全的主要因素是外部环境、工作环境和就餐环境的本质安全水平。其中，外部环境本质安全评价因素可细分为污染源控制和食堂总体布局规划两个三级指标；工作环境本质安全评价因素可以细化为备餐室、储藏室等工作环境；餐饮环境本质安全评价因素可分为两个三级指标：就餐大厅以及地面墙裙的卫生程度。

（四）高职院校食堂本质安全管理因指标体系构建

从前文对高职院校食堂本质安全管理原因的分析可以看出，高职院校食堂的基础安全管理、食品安全管理、监督核查管理和事故预防管理影响着高职院校食堂管理的本质安全水平。其中，基本安全管理指标可分为两个三级指标：食堂的组

织人员配备和日常管理，食品安全管理可分为三个三级指标：原料采购环节管理、加工环节管理和售后环节管理，事故预防管理可分为两个三级指标：安全培训和应急处置。

第四章 高职院校信息安全管理研究

第一节　信息安全管理的定义和意义

一、信息安全管理的定义

（一）信息安全的定义

随着计算机网络和通信技术的飞速发展，我们已经进入了信息化的 21 世纪。信息系统已经成为一个国家、一个行业、一个企业谋求发展的基础设施。人们在感受到网络信息系统对社会文明的巨大贡献的同时，也意识到信息安全已成为影响国家、行业和企业生存与发展的关键问题之一。

信息安全（Information security）是指信息的机密性（Confidentiality）、完整性（Integrity）和可用性（Availability）。这是一个综合性的跨学科领域，涉及管理学、应用数学、密码学、计算机、通信、安全工程等多个学科，是近年来迅速发展的热门学科领域。机密性指的是确保信息只提供给有权使用它的人。完整性是指保护信息及其处理方法的准确性和完整性。可用性是指确保授权用户可以在需要时获取信息并使用相关资产。信息、信息处理过程以及支持信息的信息系统和信息网络是重要的商业资产，信息的机密性、完整性和可用性对于保持竞争优势、资本流动、效率、法律合规性和商业形象至关重要。然而，越来越多的组织及其信息系统和网络面临着广泛的安全威胁，包括计算机欺诈、间谍、破坏、火灾、洪水等。计算机病毒、计算机入侵、DDoS 攻击等手段引发的信息灾难越来越常见，也越来越有计划性，其检测也十分困难。许多信息系统并不是按照安全系统的要求设计的，仅依靠技术手段实现信息安全有其局限性，必须同时从技术、管理和政策三个层面采取有效措施。先进技术是信息安全的根本保证，严格的安全管理是信息安全的组织保证，完善的安全法规是信息安全的法律保障。高级安全功能为低级安全机制提供了保障，任何单一层面的安全措施都无法提供真正全面的信息安全。

（二）信息安全管理的定义

信息安全治理是指最高管理层利用信息安全治理来监督信息安全战略执行层的流程、结构和联系，以确保这一操作走上正确的轨道。信息安全管理是指提供管理程序、技术和保证措施，使管理者相信商业交易的可信度；确保信息技术服务的可用性，正确抵御不当操作、故意攻击或自然灾害，并从这些故障中快速恢复；确保能够拒绝未经授权访问重要机密信息。其目标是确保信息和信息系统的安全运行。

如果缺乏良好的信息安全治理机制，即缺乏健全的制度安排，就不可能有一个良好的信息安全管理体系，进而不可能实现信息化的成功；同样，没有信息安全管理体系的顺畅运行，一个简单的治理机制也只能是一幅没有实际内容的美丽蓝图。针对我国信息化建设的现状，我们迫切需要完善信息安全治理机制和信息安全管理系统。[1]

据《中国日报》报道，美国联邦政府对一名英国计算机管理员提起诉讼，指控他非法侵入美国军方和美国国家航空航天局的 92 个计算机网络，导致新泽西州海军设施在系统被网络入侵时崩溃。《人民日报·华东新闻》报道，在江苏省高中信息技术等级考试中，近 1 万名考生的答案被删除，"黑客"因破坏网上考试被判处有期徒刑 6 个月。我国发生过一系列不同程度的信息系统安全事故：由于计算机系统故障，6000 多人滞留首都机场，150 多架飞机延误；南京火车站计算机售票系统突然崩溃，全站票务瘫痪；广东工商银行因系统故障停业一个半小时；深圳证券交易所证券交易系统宕机事件等。根据相关数据，随着时间的推移，安全缺陷、违规行为导致的灾难性事件的数量正在增加。看到这些安全事件频频发生，我们不应该只问人们是否从已经发生的安全事件中吸取了教训，事实上，大多数被攻

---

[1] 李艳,陈新亚,孙丹,等.从"透明人"到"践行者"：高校信息安全面临的挑战与应对——《2021 地平线报告（信息安全版）》之启示［J］.远程教育杂志,2021,39(03):11-19.

击的组织肯定都吸取了教训。他们更新了病毒库,并在没有安装扫描工具的邮件服务器上安装了扫描工具。然而,仅仅从技术角度解决信息安全问题是不够的。Gartner Group 最新的安全报告告诉我们:"让企业付出巨大代价的各种安全违规行为最终都是由人引起的,并已发展为物理安全和人员问题。IT 安全部门试图用技术方法解决这些安全问题,但技术方法不起作用。"我们必须建立一套覆盖组织信息安全的制度安排机制,包括治理机制和治理结构。这种制度安排通过建立和维护一个框架,确保信息安全战略和组织业务目标的准确校准,并符合相关法律和规范。这就要求政府和企业共同努力解决信息安全问题。

二、信息安全管理的意义

当今世界,科学技术突飞猛进,深刻改变着人类社会生活的方方面面。20 世纪 90 年代以后,以多媒体计算机和网络为代表的信息技术呈现出加速发展的趋势。世界正在进入知识经济时代,计算机网络已经成为核心媒体。互联网正在改变全球面貌,信息技术引发的知识经济革命已经来到我们面前。这是一场比当年的工业革命更大、更深、更广泛的社会革命。

如今,信息网络已经成为高校的核心资产,在高校的教学、科研和管理中发挥着不可或缺的重要作用。然而,由于网络漏洞和破坏性攻击的迅速蔓延和复杂性,校园网受到了严重威胁。网络犯罪事件逐年增多,网络入侵和破坏的范围非常广泛,给整个社会造成了极其严重的损失。自 1999 年以来,拒绝服务攻击造成的损失增加了 200 多倍,导致网络中断,切断学校与外界的联系,严重影响了学校正常教学和科研工作的顺利进行。因此,信息安全已成为影响我国高等教育"跨越式发展"的关键问题之一。

网络安全面临着内部和外部威胁。根据计算机安全协会进行的全球网络安全调查,70% 的网络攻击来自外部,但与外部攻击相比,内部攻击可能造成 10 倍以上的损失和破坏。目前,网络中的任何一条链路都可能成为攻击的目标,如何同时保持网络的可用性和安全性是相应管理者面临的挑战。从我国高职院校信息化的现状来看,在对信息安全的认识、相关制度的制定与实施、软硬件资金的投入、信息安全管理等方面还存在许多不足,人力资源保障和教育宣传力度也存在很大的提升空间。过去,仅仅依靠防火墙和基于网络的入侵检测系统等独立的安全产品已经无法胜任网络安全防御职责。

面对日益突出的信息安全问题，信息安全治理研究是摆在我们面前的一项紧迫而棘手的任务。因此，探索和研究一套适合高职院校的网络安全治理方案具有重要的现实意义。信息安全治理方案并非一成不变，还需要在实践中不断发展和完善。由于网络的开放性和安全性是相对的，我们必须认识到网络的脆弱性和潜在威胁。同时，随着新技术和新应用的出现，信息安全治理方案必须不断修订、补充和完善。

第二节　高职院校信息安全评价方法

高职院校信息安全治理评价是对高职院校信息安全治理的成熟性、规范性及其带来的效益的论证和分析。通过对高职院校信息安全治理的路径、范围和速度的论证和分析，最终选择成本最低、效益最大的高职院校信息安全推广方案。

这里提到的效益是一个宽泛的概念。高职院校作为高等教育机构，是国家人才培养的重要基地和科研中心。学校办学质量、办学效益、科研水平和为社会输送人才的质量是衡量学校办学水平的重要指标。总体而言，有效的信息安全治理机制将为高职院校带来社会效益和经济效益。这些好处体现在为教学、科研和行政管理提供安全稳定的网络环境和交流平台，降低管理成本，提高办公和教学效率等方面。

随着国家信息化水平的提高，高职院校也加大了对信息化建设的投入。高职院校的教学、科研、管理乃至师生的生活都离不开信息和网络。信息时代不仅给教育管理带来了快速、便捷的资源共享优势，也不可避免地带来了网络信息安全的威胁。一旦网络系统遭到攻击而瘫痪，整个学校的教学和管理将无法正常进行，其损失和不良社会影响是无法估量的。

因此，一个有效的信息安全治理机制和一个成熟的信息安全管理体系可以大大减少网络攻击造成的经济损失，从而避免在恢复甚至重建方面的巨额投资，降低学校在信息安全方面的投资成本，提高效益。

一、高职院校信息安全治理满意度评价

高职院校信息安全治理满意度，是指高职院校在一定期限内能够实现最低的信息安全治理成本和最大的信息安全治理收益的信息安全治理满意度。高职院校的信息安全治理的满意度是客观可评价的。在网络信息安全治理的纵向和横向推进中，不同地区、不同学校做出不同的选择，从而产生不同的高职院校信息安全治理的效益，这在一定意义上揭示了高职院校信息安全治理满意度的客观性。

（一）高职院校信息安全治理满意度的内涵

高职院校信息安全治理满意度是指高职院校在推进信息化的过程中，根据时间维度和经济效益维度，对信息安全治理的路径、范围和速度进行满意度评价的效果。从信息化的角度来看，市场经济也是信息经济。在信息经济时代，无论信息化程度、范围和形式如何，作为教育信息化主体的高职院校都或多或少地存在着信息安全因素，在信息安全治理的路径、范围和速度上都存在着巨大的选择空间。因此，在高职院校信息安全治理的各种选择中，高职院校信息安全治理满意度是客观存在的。

（二）高职院校信息安全治理满意度与成熟度的关系

高职院校信息安全治理的满意度与成熟度密切相关。信息安全治理的成熟度越高，意味着高职院校的信息安全治理已经开始定期、有效地实施结构化、组织化的风险评估流程，并有预警机制，针对可能存在的风险，制定完整有序的处理方案和日常维护流程。这样可以避免安全事故后系统的经济损失和学校声誉等无形损失，从而降低信息安全治理的成本，提高信息安全治理的满意度。可以看出，信息安全治理的每个成熟度级别都对应着信息安全治理的满意度。信息安全治理的成熟度越高，满意度越高；反之，则越低。

在现实中，由于各种对立因素的复杂影响，高职院校信息安全治理的最大满意度并不容易实现。在构建高职院校信息安全治理目标模型时，应在对高职院校信息安全治理满意度评价的基础上进行设计和构建。

二、高职院校信息安全治理的评价方法

传统的信息安全管理基本上仍是静态、局部、少数人负责、突击和事后纠正的管理模式。其结果是,无法从根本上避免和减少各种风险,也无法减少信息安全故障造成的综合损失。事实上,信息安全总是在一定程度上与应对和管理风险有关,在许多信息安全治理专家看来,信息安全实践的起点是风险分析。

信息治理是风险管理的第一个过程。未雨绸缪的做法不同于组织在紧急情况发生后采取行动保护其信息资源的反应,信息安全治理是在危害发生之前采取行动。安全的总成本为:信息安全总成本 = 突发事件成本 + 预防措施成本。

组织在紧急情况发生前没有采取任何行动,也无法衡量紧急情况可能造成的损失,因此紧急情况的成本不得而知。适当的计划和风险管理可以极大地降低突发事件的成本,即使它不能完全抵消它。如果组织在紧急情况发生前采取正确的预防措施,使风险得以避免、减少或转移,则信息安全成本将为:信息安全成本 = 预防措施成本。

这里提到的预防措施是信息安全治理的内容。通过对信息安全的有效治理和规范化管理,降低信息安全成本,即提高信息安全效益,从而提高信息安全的整体满意度。

在对高职院校信息安全治理进行评估时,将采取以下七个标准:

(一)是否对高职院校的信息安全进行了风险分析和风险评估,是否了解学校的信息安全地位

风险分析是指确定由于计算机系统和网络中缺乏各种资源而造成的预期损失。风险分析可以是定量的,也可以是定性的。定量风险分析是用数字来表示风险的数量,确定独立来源风险预期损失的公式为:风险 = 风险发生的概率 × 由此产生的损失。定性风险分析只是确定某一风险的影响是高、中还是低,结果不是定量的。在很多方面,这是最直观的方法。目前,与安全相关的具体风险有多种类型,主要风险包括非法入侵、运行破坏性程序、权限升级、在网络服务器中使用CGI、拒绝服务、病毒和蠕虫、恶意动态内容、在受害者系统中安装后门或远程控制程序、电子欺骗攻击和对话篡改,每种主要风险类型都有自己的风险。

信息安全风险评估的复杂性将取决于风险的复杂性和受保护资产的敏感性。所采取的评估措施应符合学校对信息资产风险的保护需求。一般来说，评估分为五种类型：系统级脆弱性评估、网络级风险评估、组织级风险评估、审计（指组织对具体政策的检查和政策的执行情况）、入侵检测（组织对模拟入侵的响应能力，仅适用于使用成熟安全程序的组织）。在对高职院校信息安全进行风险分析和风险评估时，我们应该全面了解学校的网络、物理安全措施、现有的策略和流程、预防措施等。

（二）是否根据评估结果制定了适合本校情况的相应信息安全策略

信息安全战略是高职院校信息安全的最高政策。有必要根据高职院校各部门的实际情况，制定不同的信息安全策略。策略和流程定义了组织安全的预期状态，还定义了在实施过程中应该做什么。没有战略，高职院校就没有设计和实施有效的信息安全计划的基础。

在评估高职院校的信息安全战略时，必须了解学校是否制定了以下战略和流程：信息战略、安全战略、使用战略、备份战略、账户管理流程、应急处理流程和灾难恢复计划；检查学校在制定信息安全策略时是否简单易懂，并形成书面文件发送给相关部门和学校成员；同时，是否对所有相关员工进行了信息安全策略培训，是否对信息安全负有特殊责任的人员进行了特殊培训，使信息安全政策真正深入人心，落实到实际工作中。

（三）是否实施技术控制以实现高职院校的信息安全战略

高职院校信息安全战略的实现包括技术工具的确定和采用、物理控制和安全人员的配置，对高职院校信息安全策略实施效果的评价可以从信息安全软硬件配置程度和信息安全人员配置程度两个方面进行。

高职院校信息安全软硬件配置程度的评价指标——信息安全软硬件的配置率和改进率。根据高职院校的实际情况，我们选择以下七种产品来评估配置程度：防火墙产品、入侵检测产品、网络防病毒产品、防病毒网关产品、单机防病毒产品、网络安全过滤产品、虚拟专用网产品。

（四）是否对学校相关人员进行了安全意识培训

在高职院校信息安全治理过程中，人是一个关键因素。建立完善有效的信息安全管理体系，要求从主管领导到广大教学人员都有强烈的安全意识。主管领导要学习国家有关网络安全的各项政策和法律法规，提高主要领导的思想认识。只有高层领导重视，才能带动其他相关部门人员，落实相关网络安全措施，协调各部门工作。没有管理层的支持，安全程序就不存在。培训对系统管理员也很重要。系统管理员必须了解最新的黑客技术、安全威胁和安全补丁，因为没有安全保护系统可以在打开包装箱后即插即用，并提供足够的安全级别。

教师必须了解网络安全对学校具有重要的意义，并且接受意外情况和敏感信息保护方面的培训。安全意识培训应在组织策略、密码选择和防止社会工程攻击方面为教学人员提供必要的信息，并教授一些网络安全技术，以提高师生的安全意识。在对高职院校信息安全意识培训进行评估时，应检查一年内信息安全宣传活动、信息安全培训和信息安全学术报告的数量。

（五）学校的信息安全是否经过审计

审计是信息安全过程的最后一步。在确定高职院校的信息安全状况、制定相应的策略和流程、实施技术控制和培训人员后，审计职能可以确保信息安全策略得到了正确的配置。

从以下两个方面评估高职院校的信息安全审计：第一，高职院校是否有安全配置策略；第二，随着高职院校计算机和网络环境的不断变化，是否定期进行新的风险评估。

（六）高职院校信息安全治理综合评价

将高职院校信息安全的风险评估情况、建立策略情况、高职院校信息安全软硬件配备程度、信息安全人员配备程度、安全意识培训情况、审核情况六个方面综合评价的结果集中在一起，研究信息安全治理过程中各个环节的水平，从而衡量高职院校信息安全治理的整体水平。

（七）高职院校信息安全管理效益评价

高职院校信息安全治理水平主要体现在为学校教学、科研、管理和学科建设服务的网络化和信息化水平上。其中，电子邮件是与外界沟通的重要桥梁，远程教育、网上招生和录取是教育信息化和网络化的重要应用。为了保证这些应用服务稳定、不间断，必须建立和完善高职院校信息安全治理机制。从治理效益的角度，可以通过与学校管理费用削减率、办公效率、信息资源利用率、辅助科研的作用、信息安全治理水平的相关性来研究高职院校的信息安全治理水平。

第三节 高职院校信息安全治理建议

高职院校计算机网络信息系统已成为高职院校教学、科研和行政管理中信息交流的重要手段，发挥着越来越重要的作用。随着互联网在世界范围内的迅速普及，高职院校内部网络与互联网的关系越来越密切，为高职院校的国内外交流提供了现代化手段。然而，计算机网络在给人们带来便利的同时，也带来了安全问题。计算机网络是开放的、互联的和多样的，而且存在技术弱点和人为因素，这使得网络容易受到黑客、病毒和其他攻击。例如，在线数据被删除、复制或销毁，数据安全及其自身利益受到严重威胁。面对计算机网络安全的各种威胁，越来越多的高职院校在加快网络系统建设的同时，必须考虑到网络信息安全建设。除了注重应用网络安全技术，全面应对各种威胁，确保网络信息的机密性、完整性和可用性，使校园网向师生开放，满足教学、科研和管理的需要外，加强信息安全治理机制建设，建立信息安全管理体系，才能保证网络信息的安全。

一、建立信息安全框架及组织机构

从战略的角度来看，信息安全是一项包括技术层面、管理层面和法律层面的社会系统工程。在扩展时，它还应该包括概念和文化层面，比如构建文化意义上的信息技术行为准则，培养网络空间的伦理。安全组织包括建立健全组织体系，明确负责安全管理的主要领导、主管部门、技术支持部门、宣传保卫部门；制定系统安全计划，实施安全宣传教育、安全监督和安全服务。在大多数高职院校，网络中心是信息安全的主管部门和技术支持部门，具有管理和技术双重职责。然而，学校往往只赋予网络中心技术支持功能，而没有真正的管理功能。一旦发生安全事故，它只解决技术问题，许多遗留问题无法明确解决。信息安全不是产品，而是一个完整的过程。作为一个过程，它由三个组成部分：人、技术和过程。这些组件匹配得越好，过程就越顺利。因此，迫切需要在各级建立健全强有力的信息安全治理机制，统一指挥，统一步伐。高职院校应建立专门负责信息安全管理的机构。该组织由学校主要领导牵头，由技术部和管理部人员组成，包括网络中心负责人，网络中心负责各部门之间的协调和联络，从而真正发挥这类组织的作用，制定安全政策和策略以及一系列规章制度，并监督其执行。

从人力资源角度来看，由于西部地区高职院校校园网建设和发展滞后，许多高职院校的网络中心是近年来新成立的部门。校园网建设任务繁重与技术管理人才匮乏之间存在矛盾。学校要重视网络中心的人力资源配置，引进高层次的技术和管理人才，分别负责网络建设、管理维护、信息资源建设、信息安全治理等工作，明确分工，责任到人，从人力资源方面保证信息安全治理。

二、加强信息安全教育和提高安全意识

加强教师、学生和员工的信息安全教育，提高安全意识。网络中心要充分发挥管理职能，与学校安全办公室、学校工作部门、学校团委等有关部门协调配合，积极开展全校相关信息安全宣传活动，邀请信息安全专家对教师、学生和员工进行安全培训，定期举行信息安全学术报告等，将安全意识拓展到工作氛围中，努力提高和强化学校的信息安全观念和意识，确立信息安全管理的基本思路和策略，加快信息安全人才培养，把重点从强制性安全战略转向自我接受的安全战略文化，这也是实现信息安全目标的基本前提。

三、强化信息安全得到技术支撑

环境的动态性决定了信息安全工作将是一项长期、无止境的攻防和挑战，因

此必须确定所使用的安全产品在技术上是成熟和有效的。从技术角度看，高职院校网络系统安全主要涉及三个方面：网络通信系统的保密与安全、操作系统和数据库平台的安全、应用软件系统的安全。对网络系统进行科学的安全分析，结合具体应用，紧密结合以上三个方面，在网络信息系统中建立一套完整的安全机制，实现从外到内的安全防护。

四、定期开展针对信息安全的评估

如前所述，环境的动态性决定了信息安全将是一个长期的、无休止的攻击、防御和挑战过程。因此，我们必须定期对学校的信息安全流程进行严格审计，对学校的信息安全进行新的风险分析和风险评估，以制定更合适的信息安全策略。

五、建立信息安全治理的动态模型

总之，信息安全治理机制的建立是一个动态的过程，需要在实践中不断发展和完善。由于网络的开放性和安全性是相对的，我们必须认识到网络的脆弱性和潜在威胁。同时，随着新技术和新应用的出现，信息安全治理方案必须不断修订、补充和完善。

第五章 高职院校公寓安全管理研究

第一节　高职院校公寓安全管理的现状分析

　　高职院校学生公寓突发事件是指高职院校学生公寓内突然发生的影响安全稳定的事件，该事件可能或已经影响到高职院校学生公寓的正常秩序，可能或已经威胁到教师、学生和员工的生命、健康和财产安全，损害了高职院校的形象和声誉，影响了师生个人、学生公寓和高职院校的和谐稳定。

　　目前，我国绝大多数高职院校出于统一管理的需要，要求学生入住学生公寓。随着高职学生人数的逐年增加，普通高职院校学生公寓的学生人数已达 3000 至 5000 人。学生是高职院校学生公寓的主体。高职学生的学习基础薄弱，综合素质不高。与本科生相比，他们具有突出的以自我为中心的独立人格和更复杂的成长经历，他们深受互联网、智能手机等信息媒体的影响。从安全管理的角度来看，这些迅速传播网络信息的特殊群体具有强烈的独立意识和叛逆精神。此外，他们的思维方式和行为过程很容易受到来自外部世界，尤其是互联网的不良信息的影响。一旦发生突发事件，高职院校相关部门难以控制。

一、高职院校公寓安全管理的现状综述

　　高职院校学生公寓突发事件危机管理是指高职院校党委与行政领导根据《中华人民共和国突发事件应对法》，结合高职院校实际情况，运用公共危机管理理论，成立学生公寓突发事件防控领导小组，建立健全突发事件防控处置方案，运用缓解、准备、应对、恢

复重建四阶段理论可以有效地预防和及时处理高职院校学生公寓突发事件。

高职院校学生公寓突发事件具有突发性、危害性、多样性和不可控性等显著特点，要求我们站在高职院校学生思想政治教育和日常管理的高度，强调高职院校学生公寓突发事件的关键在于平时有效预防，通过细致深入的思想政治教育指导，人性化管理和全方位服务可以积极将学生公寓突发事件消灭在萌芽状态，或者建立及时有效的预警系统进行预警，可以大大减少学生公寓突发事件的人员伤亡、财产损失和社会影响。由于高职院校学生公寓突发事件种类繁多，影响程度不同，高职院校相关部门不能生搬硬套，也不能照抄其他高校在预防和处理学生公寓突发事件过程中的经验和成果，必须根据自己的实际情况学习和创新。

高职院校学生公寓危机管理规范了学生公寓的安全管理水平，增强了应急意识，提高了解决实际问题的能力，对高职院校的稳定维护和安全生产具有重要意义。它是高职院校危机管理的重要组成部分。[1]

（一）高职院校学生公寓突发事件的类型

根据高职院校学生公寓管理的实际情况，通过分析研究新时代高职院校学生的行为特征，将高职院校学生公寓突发事件分为以下六种类型：

一是自然灾害引发的学生公寓突发事件，主要包括台风、暴雨、地震、雪灾等；

二是学生公寓突发事件造成的事故和灾害，主要是火灾、公寓水电故障、水（热）管道破裂；

三是由传染病引起的学生公寓突发事件，主要是高职院校学生中常见的传染病，如病毒性肝炎、肺结核、痢疾、肠道疾病、非典型肺炎、甲型流感等；

四是学生公寓突发事件引发的刑事安全事件，主要有斗殴、性侵、强奸、杀人、盗窃等；

五是群体性事件引发的学生公寓突发事件，主要包括各种非法集会、游行、示威、请愿、集体罢工、群众骚乱等涉及学生公寓内外学生和员工的群体性事件，各种非法传教活动、非法政治活动、针对学生和员工的各种恐怖袭击，学生和员工的异常伤亡、失踪以及其他可能影响校园和社会稳定的事件；

六是学生公寓因人身伤害事件引发的突发事件，主要是学生公寓内的学生和员工紧急患病、受伤、自杀、自残等。

---

[1] 肖木峰, 王亚楠, 于海波, 等. 基于Pathfinder的高校公寓学生群体应急疏散研究[J]. 住宅科技, 2022, 42(04):55-59.

（二）高职院校学生公寓危机管理的阶段

在理解和运用突发事件和危机管理两个重要概念的基础上，结合高职院校学生公寓安全管理的实际情况，积极探索和建立高职院校学生公寓应急危机管理流程，以实现学生的健康成长和高职院校的和谐发展。笔者将高职院校学生公寓危机管理分为缓解、准备、应对、恢复重建四个阶段。

第一阶段是高职院校学生公寓突发事件的缓解阶段。这一阶段高职院校主要采取各种预防措施，通过持续努力和积极行动，降低或消除学生公寓突发事件的风险及其影响。与危机管理的其他环节不同，危机缓解的一个重要特点是，它侧重于长期的预防工作，而不是危机后的应对。缓解高职院校学生公寓突发事件的目的是创造一个安全、稳定、和谐的公寓环境。因此，高职院校应采取人性化的管理手段和一系列措施，消除安全隐患，预防和减少高职院校学生公寓突发事件的发生。

首先，高职院校必须从安全和人性化的角度制定和实施科学的学生公寓管理制度，认真研究和判断高职学生思想政治教育和日常管理的新情况、新变化，及时整改和化解存在的安全隐患和矛盾，邀请权威部门和机构到职能部门、二级部门、宿舍、门卫进行预防和应对突发事件的能力培训，建立以学生信息员和学生公寓工作人员为重点的信息预警系统。其次，大力加强学生公寓的思想政治教育和安全管理，重点加强学生公寓管理队伍建设，充分发挥思想政治工作在学生公寓安全管理中的作用，完善学生公寓安全管理的各项规定，加强实施监督。具体来说，要明确学生公寓管理部门的职责和权利，明确门卫和宿舍管理员的职责和分工，形成学生公寓管理的职责分工和协同,消除安全管理真空区造成的突发事件。再次，要发挥思想政治教育的主导作用，坚持教育第一、德育第一的理念，教育引导公寓学生树立正确的世界观、人生观和价值观。最后，建立人性化的学生公寓管理体系，包括安全管理、日常检查、危机防范、财产保护、权益保护等，并严格执行，防止制度只存在于纸面。[1]

第二阶段是高职院校学生公寓突发事件的准备阶段。本阶段主要是根据高职院校学生公寓管理的实际情况，建立以人防、技防为主的应急预警信息平台，建立由高职院校主要领导牵头、政府相关职能部门和学校职能部门参与的应急领导小组，形成统一领导、分层实施、责任明确、协调联动的快速反应机制；同时，要紧密结合实际，科学制定各项应急预案，定期组织学生和公寓工作人员进行逃生、

---

[1] 郑亚梅."三全育人"机制下高校学生公寓文明实践中心建设探究［J］.高校后勤研究，2021(05):26–28+32.

疏散、灭火、自救和救援的培训和演习，每学期全面检查一次应急储备情况，讨论和评估可能发生的紧急情况，提前做好各种应急准备。

第三阶段是高职院校学生公寓突发事件的应对阶段。本阶段主要按照各院校的学生公寓应急预案处理各类突发事件。一是启动学生公寓应急信息通报和报告系统，及时向可能受到影响的师生发送必要的应急避险信息，及时向上级主管部门和政府有关职能部门报告有关情况，根据各种信息及时、准确地作出决策，认真研究、判断突发事件的情况，确定突发事件的类型和级别，启动相应的应急预案，高度重视、快速反应、正确处置、密切关注。

第四阶段是高职院校学生公寓突发事件恢复重建阶段。高职院校学生公寓一旦发生突发事件，相关部门和工作人员必须在事件发生后及时挽回学生公寓内的各种损失，恢复学生公寓的正常运行；妥善安置公寓内的教职工和学生，特别注意对受伤师生进行心理危机干预和辅导，及时恢复他们的信心；高职院校应积极与上级有关部门、新闻媒体和学生沟通，争取他们的理解和支持，尽量避免损害学校声誉；及时、客观地评估突发事件的损失和影响。

危机管理策略是提高高职院校公共危机管理能力的主要途径。一个全面整合的危机管理体系能够保障高职院校的利益，保障教师、学生和员工的生命财产安全，实现高职院校的正常运行和可持续发展。这就要求高职院校根据危机管理的相关理论，结合高职院校学生公寓管理的实际情况，确定学生公寓应急危机管理的相关原则，构建学生公寓应急危机管理的相关模型。

第一是高职院校学生公寓突发事件危机管理的相关原则。笔者在公共危机管理理论研究与实践的基础上，结合高职院校学生公寓管理的实际情况，灵活制定了五条原则：以人为本原则、维护稳定原则、快速处置原则、沟通引导原则、制度保障原则。

第二是高职院校学生公寓突发事件的危机管理策略。为了实现一个目标，所有的行动组合都被称为策略。然而，危机管理策略可能比其他策略更复杂，因为危机管理是一个非常复杂和不确定的过程，几乎没有固定的模型来处理危机管理策略。笔者根据高职院校学生公寓突发事件的类型和高职院校学生的显著特点，积极构建了五种模式：思政教育模式、预警处置模式、心理干预模式、联动合作模式和信息沟通模式。

第三是高职院校学生公寓突发事件的危机管理过程。根据公共危机管理的四阶段理论，将高职院校学生公寓突发事件的危机管理分为缓解阶段、准备阶段、应对阶段和恢复重建阶段。因此，危机管理的过程也对应四个阶段，明确每个阶段的工作任务，分阶段开展积极有效的工作。

高职院校学生公寓应急危机管理的原则、策略和流程构成了高职院校学生公寓应急危机管理模式。这三者紧密相连，对指导高职院校预防和处理学生公寓突发事件起着至关重要的作用，要结合实际，认真研究，积极建设。

二、高职院校公寓安全管理的主要形式

目前，高职院校学生公寓管理主要采取两种形式。

第一种形式是高职院校将学生公寓划归为学生工作部或后勤总公司等职能部门，由学院少量正式员工和大量临时外部员工组成的员工队伍实施管理的模式。这种学院的自我管理模式又大致可以分为两种类型，即学生工作部门直接管理学生公寓和成立综合后勤公司直接管理学生公寓。前者在高职院校最为常见，其优点是学生工作部门能与学生所在的二级部门有效合作，积极参与学生公寓的管理，及时了解和满足学生公寓的合理需求。丰富的思想政治教育方法能有效保证学生的思想稳定，在学生中有较高的威望，对学生的约束力较大，学生公寓的管理相对规范。其明显的不足是在公共设施维护、安全、水电保障等方面被他人控制，需要等待总务、安全、国资等部门的配合，进展缓慢。后者在高职院校使用较少。其最大的优点是维护方便、服务及时。不足之处在于缺乏学生管理的实践经验，喜欢追求经济利益，忽视学生的合理需求，不主动与学生工作部门合作，对学生的约束力有限，学生思想政治工作较肤浅，难以落实，宿舍文化、素质教育等方面存在很多阻碍学生心理健康教育推广的障碍。

第二种形式是后勤社会化后的物业管理。2002 年，高校后勤社会化改革的热潮开始在全国兴起。由于财力有限，部分高职院校选择将学生公寓交由社会企业负责管理，极大地改善了高职院校学生公寓的基础设施条件。然而，社会企业需要回报，管理学生公寓的首要考虑是成本和利润，很难真正体现为学生服务、为学校分担烦恼的理念。在学生公寓的日常管理中，学生和高职院校的合法权益经常受到侵犯，如强迫买卖、假冒伪劣工作和假冒伪劣商品等，导致学生、高职院校和社会企业之间相互指责和投诉，矛盾不断加深甚至引发冲突。

2000年，国家出台相关政策，鼓励高校引进社会企业资金投资学生公寓建设。由于公益性质与市场行为之间存在不可调和的矛盾，社会企业投资的学生公寓由于流动资金短缺、物价上涨、工资提升，社会企业的实际盈利尚未实现。因此，他们选择停止学生公寓服务、封锁高校大门等极端方式，迫使政府和高职院校满足其各种利益需求，给高职院校的日常管理带来了极大的麻烦，影响了高校的稳定。为此，各省市纷纷推出高校社会化学生公寓回购计划。通过走访，我们发现越来越多的高职院校，包括前几年采用后勤社会化管理的高职院校，现在也采用了高职院校职能部门的学生公寓管理。本专著所讨论的学生公寓应急处置机制也是基于高职院校设立学生工作部门直接管理学生公寓的前提。

三、高职院校公寓安全管理的突出问题

（一）设施设备老化，消防安全隐患突出

随着生源人数的不断下降，许多高职院校从外延扩张转向内涵建设，基础设施建设和维护的投资大幅减少。许多高职院校是从中学升格而来的，许多学生公寓楼已经使用了10多年，墙体老化、开裂、严重损坏导致部分建筑漏水，一旦房屋漏水、漏电的后果是无法想象的。同时，随着科学技术的快速发展和城乡居民可支配收入的增加，高职学生在学生公寓中拥有和使用电脑、智能手机、电扇的比例大幅提高。此外，学生违反规定使用"热得快"、电炉、电热杯等大功率电器，导致学生公寓用电急剧增加，电线和电力设备超负荷，配电箱和电路经常烧毁，导致火灾、触电等安全事故。近年来，学生规模不断缩小，部分高职院校财力不足，一般维修资金投入减少，学生公寓水电设施长期失修、损坏、老化现象严重；同时也给学生公寓的安全管理带来了隐患和极大的威胁。因为有大量学生在学生公寓生活，对电力的需求很大，但高职学生的消防安全意识相对薄弱，他们都贪图方便省事，在学生公寓内随意拉接线，违规使用各种大功率电器，导致各类火灾、触电安全事故诱发因素增加。

（二）周边环境复杂，治安案件时有发生

高职院校突发事件对人们的思想和心理产生了深刻的影响，几乎每一次高职院校突发事件的报道都会引起社会和舆论的广泛关注，使教育主管部门和高校陷

入尴尬和无助。此外，大多数高职院校位于城市边缘，校园周边环境复杂，治安管理难度大。越来越多的社会人员聚集在高职院校谋求发财致富的门路，少数非法青年选择在学生公寓犯罪、敲诈勒索、盗窃学生财产、骚扰和侵犯女孩。然而，学生公寓的学生和教师工作人员安全意识薄弱，安全措施松懈，这大大增加了公共安全管理的难度，给犯罪分子提供了可乘之机。这些现象威胁了学生生命安全，侵犯了学生在学生公寓的合法权益，已成为少数高职院校的顽疾，甚至在学生中引发恐慌和公愤。

（三）法纪意识淡薄，突发事件影响深远

目前，高职院校的数量和生源规模已占高校的一半。仅湖南省就有70多所高职院校，在校生近40万人。这些学生中的绝大多数住在集中管理的学生公寓里，日常管理和安全预防非常困难。高职学生的录取分数很低，一些学生学习积极性差、自律性差，他们不会主动思考和承担自己行为的后果。在高职院校学生中，留守家庭、离异单亲家庭的学生较多，学习基础薄弱，有许多学生具有厌学情绪。

因此，在学生公寓管理过程中，一些学生以自我为中心，安全法纪观念淡薄；心理不够成熟，爱享乐怕约束，喜欢自由自在。公寓里经常发生赌博、偷窃和打架等事件，在公寓内吸烟、私自接拉电线、违规使用大功率电器、随意破坏消防设施和设备等行为屡禁不止。个别学生太自私或自卑，不知道如何调整自己。如果遇到一点挫折或刺激，他们就可能无法承受压力，走向极端，比如伤害他人或自残。学生因为经济贫困、心理混乱、学习困难、就业困难等导致的突发事件在公寓中时有发生。

（四）管理责任缺失，安全事故时有发生

从高校管理的角度来看，学生公寓管理主要由学生办公室和二级部门进行，安全保卫办公室、综合办公室等部门承担综合管理、消防安全、安全生产、维修等职能。但是由于分工不清、职责不明、沟通不畅，一旦出现安全问题，各部门往往会推诿责任，在关键时刻"谁也能做主，谁都不做主"。

从基层管理的角度来看，学生公寓管理的主要团队大多由退休和下岗人员组成。他们年龄太大、文化素质低，受就业制度的限制，他们大多是临时工，安全责任意识薄弱。人员出入管理和内部巡查制度往往没有得到充分落实。

从大学生思想政治教育的角度来看，目前高职院校学生的思想政治教育还停留在表面上。二级学院学生办公室、团委、党总支、辅导员对学生的思想指导滞后，重治疗轻预防，重惩罚轻指导；这样的结果将在学生中引发更多的反感和反抗，甚至与学校产生严重的对立。归根结底，高职院校学生公寓管理责任缺失，将导致学生公寓管理混乱，增加安全管理难度。近年来，一些高职院校学生公寓发生的学生群体聚集事件、人员伤亡、火灾事故等，给我们敲响了警钟。

四、高职院校公寓安全管理的处置误区

目前，高职院校学生公寓管理突发事件的预防和处置缺乏系统的理论思考。大多数高职院校都是根据经验行事，存在以下四个误区：

第一，对于紧急情况，轻预防重补救。一些高职院校认为学生公寓突发事件属于小概率事件，很少发生。他们往往忽视检查和预防，日常仅为应对检查采取一些简单措施。一旦出现紧急情况，本着"头痛医头、脚痛医脚"的精神，投入大量人力、物力和财力进行救治。

第二，对于犯错学生，轻指导重惩罚。一些高职院校学生公寓负责学生的突发事件。相关职能部门最擅长的是按照学校规章制度，追究学生的个体责任，树立反面榜样，教育广大学生。在处理学生问题时，方法形式单一、语言简单粗鲁，对学生进行心理惩罚、直接体罚或变相体罚的现象时有发生，导致学生产生严重的对抗和叛逆心理。

第三，面对媒体，轻沟通重封锁。一些高职院校在媒体选择、采访传播、效果评价等方面没有完善的工作机制，导致媒体传播活动缺乏效率；缺乏面对媒体的经验和技能导致信息传递错误；由于缺乏外部信息控制，没有统一的宣传口径，内部意见不一致，导致向媒体传递矛盾的信息；对不利于自身的新闻采取消极的回避态度，导致媒体随意猜测，甚至导致与媒体之间关系的恶化，使媒体的报道不完整、不公正。

第四，建立机制忽视长远重视当前。一些高职院校对学生公寓突发事件的不可控性和危害性认识不足，盲目强调以教学为中心，其他工作只能"让路"。制定应急预案时抄袭，流于形式；或者仅仅针对以往和当前的突发事件制定个人预案，而没有形成防范的忧患意识和居安思危意识，进而没有形成有效预防和及时处置各类突发事件的长效机制。

第二节　高职院校公寓安全事故的处置措施

一、高职院校公寓安全管理的处置原则

高职院校学生公寓发生重大事件时，高职院校学生公寓应急委员会必须在第一时间收集事件相关信息，及时整理分析，根据《中华人民共和国高等教育法》《中华人民共和国消防法》《机关、团体、企业、事业单位消防安全管理规定》，了解事件的真实情况，找出问题的症结所在，企业事业单位在维护社会稳定的前提下，根据《中华人民共和国治安管理处罚条例》《中华人民共和国突发事件应对法》《高等学校消防安全管理规定》等法律法规对教师、学生和员工的行为进行约束。

在处理学生公寓突发事件的过程中，各方的要求非常不同，参与处理的每个部门也有自己的侧重点。这些因素会影响高职院校主要领导对突发事件的决策，甚至导致突发事件或新突发事件的不断升级。因此，为了更好地管理学生公寓危机，及时应对学生公寓突发事件，首先要根据危机管理理论，结合我国实际情况，制定预防和应对学生公寓突发事件的原则。

（一）以人为本原则

高职院校学生公寓突发事件的危机管理首先必须坚持以人为本的原则，想群众之所想、急群众之所急。在危急时刻，首先要保护教师、学生和员工的生命财产安全，维护他们的合法权益。无论学生公寓突发事件属于何种类型，有多严重、多复杂，高职

院校和相关部门的领导在决策和处置过程中都要始终保护教师、学生和员工的生命财产安全，尽量避免人员伤亡，减少财产损失。同时，在高职院校学生公寓的日常管理中，也要坚持为学生服务，努力解决学生的合理需求，最大限度地减少与学生竞争或损害学生利益的现象，避免与学生发生冲突造成突发事件。以人为本是应急危机管理的最高原则。

（二）维护稳定原则

高职院校的目标是培养德、智、体、美、劳全面发展的社会主义事业建设者和接班人。要实现这一目标，首先必须保证高职院校的和谐稳定。如果高职院校学生不稳定，高职院校就谈不上稳定，更谈不上发展。因此，高职院校应把维护稳定放在首位，把维护稳定的原则贯穿于教育、管理、服务的各个环节和各个方面。只有这样，才能体现以人为本的思想和正常的教学教育，实现高职院校和谐、稳定、可持续发展的目标。

学生公寓的安全稳定是高职院校保持稳定的基础和关键。因此，高职院校应高度重视学生公寓的安全稳定，在预防和处理学生公寓突发事件的过程中，自觉坚持维护稳定的原则。无论发生何种突发事件，高职院校都必须从维护稳定的原则出发，尽可能控制影响稳定的突发事件的影响范围，及时安抚学生，防止其引发更大规模的群体性事件。更重要的是，我们不能给别有用心的个人和非法组织在学生公寓突发事件中煽风点火、挑拨离间，利用学生破坏高职院校稳定的机会。

（三）快速处置原则

高职院校学生公寓突发事件往往具有突发性强、危害性大、发展迅速和扩散范围大等特点。因此，高职院校必须在第一时间迅速应对，越早应对，越积极主动，就越能控制突发事件的态势。突发事件的快速处置可以大大减少突发事件造成的直接损失，有效遏制突发事件持续恶化，降低其影响和威胁。

高职院校学生公寓突发事件快速处置原则的要求有四点：一是快胜于慢，突发事件应在第一时间向上级机关报告；二是允许越级，因为按照传统的官僚机制逐级报告往往会延误事件的处理；三是限定时间，要从法律和制度设计的角度，对各类突发事件的处理时间做出明确规定，并严格执行；四是及时核查，应通过不同渠道，在尽可能短的时间内对上报的突发事件进行核实，了解事件的危害程度和最新进展，为下一步决策提供保障。

（四）沟通引导原则

目前，高职院校学生公寓管理的主体是00后高职院校学生，他们的行为和思维方式与"70后""80后""90后"学生相比发生了很大的变化。首先，网络虚拟世界对当代高职学生产生了巨大的冲击，使他们相互之间缺乏沟通，与现实世界之间也缺乏沟通，常常感到空虚和无助；第二，高职学生强调以自我为中心，合作意识淡薄；同时，他们的心理承受能力较差，容易因受伤而产生冲动行为，导致各种突发事件。事实上，这些高职学生渴望被重视，渴望证明自己，关键在于如何沟通和引导这些学生。党的十八大提出了"立德育人"的教育目标，号召教育工作者在思想政治教育中注重引导大学生树立正确的世界观、人生观和价值观，培养社会主义事业的建设者和接班人。

在应对与高职学生有关的突发事件时，要突出沟通引导原则。在紧急情况下，及时与学生沟通，认真听取学生的意见和要求，满足学生的合理要求，对暂时无法满足的要求要耐心解释，以获得学生的理解和支持；引导学生遵纪守法，不触碰法律高压线，自觉不突破道德底线，未雨绸缪，筑起安全防线；绝不盲目强迫或压制学生，及时预防或制止突发事件的发生，把突发事件控制在萌芽状态。

（五）制度保障原则

目前，我国已经有了对高校应对突发公共事件具有指导意义的立法——《中华人民共和国突发事件应对法》。高职院校要根据法律的规定，结合自身实际，建立健全各项安全保障制度，并予以落实，确保学生公寓突发事件的预防和处置依法进行，受到各项严密制度的保护。

第一，我们应该建立有效的应急预防体系，这是应急响应的基本制度。第二，采取应急监测措施。监测措施非常重要，要形成可操作的具体措施，引导相关人员及时发现各种安全隐患和矛盾迹象，完善问题及时上报制度。只有这样才能有效预防和减少突发事件的发生，控制和减少突发事件造成的威胁和损失。第三，建立突发事件信息系统。高职院校必须在学生公寓中精心挑选一批思想可靠、素质优良、反应迅速的信息人员，建立完善的信息系统。高职院校决策层可根据突发事件的危害性和多样性确定相应的应急级别，并根据相关要求及时发布和传递预警信息，提醒并引导受危机影响的民众提前做好准备。第四，建立突发事件应急响应体系。应急响应体系主要是规范应急组织如何有效运作，以及部门和机构参与应急响应工作需要哪些资源。第五，建立应急后恢复重建体系。恢复重建体系主要是指导高职院校恢复基础设施和基本教学生活秩序，确保教师、学生和员工的生活质量恢复到灾前状态。

二、高职院校公寓安全管理的处置模式

中国人民大学公共政策与公共安全研究所急诊科王宏伟博士认为，应急机制的构建必须反应主体的多样性、反应过程的整体阶段和响应对象的整体风险。应急机制的框架是一个由主体、过程和客体组成的"工"形结构。

为了有效预防和及时处理学生公寓中的各种突发事件，高职院校根据法律要求和高职院校的实际管理，建立了一套完善的学生公寓危机管理模式，针对影响和威胁学生公寓安全的各种因素，合理安排信息沟通，有效预防了学生公寓突发事件的发生，减少了突发事件对教师、学生、员工和学校造成的各种威胁和损失。

（一）思政教育模式

绝大多数学生公寓突发事件都是由高职院校学生引起的。因此，在预防和处置学生公寓突发事件的过程中，要充分发挥思想政治教育的主导作用，以学生遵纪守法、廉洁自律为基础，防止思想根源上的微小变化。通过主题班会、参观学习、集中讨论、演讲辩论等灵活多样的形式，向学生灌输正确的人生观、价值观、安全观，教育学生明辨是非、宽容包容，教会学生自我保护、互救的基本方法，让学生积极参与维护学生公寓和谐稳定的工作。

面对学生公寓的各种突发事件，学生们的心理活动非常亢奋，情绪也非常紧张。他们很容易失去正确的意见和立场，这不利于应急处置工作的进行。因此，高职院校学生工作部门，特别是二级系的党总支书记、辅导员，要深入学生，主动与学生建立强烈的互信感，了解学生思想的变化，随时保持积极情绪和心态，积极引导学生走正确的路、做正确的事。其中，要大胆发挥学生自我管理、自我教育、自我服务的"三自"作用，紧紧依靠学生党员、学生干部和学生骨干，发挥他们的桥梁和纽带作用，引导广大青年学生树立正确的是非观；克服突发事件给青少年

学生带来的震惊、恐慌、愤怒等不良心理情绪；开展丰富多彩的校园文化活动，缓解学生的心理压力；掌握学生公寓内的情报信息，及时发现并报告异常情况和趋势，协助教师妥善处理突发事件。

（二）预警处置模式

事实上，每个高职院校都会大致了解学生公寓可能或经常发生什么样的紧急情况。高职院校学生部和安全保卫部也经常举办各种研讨会，总结安全管理工作。但最重要的是要客观分析突发事件的各种原因，全面总结经验教训、查漏补缺，以便将来能及时发出类似紧急情况的警告。这就要求高职院校领导和有关部门认真研究突发事件的原因和征兆，进一步从加强和改进高职院校学生思想政治教育、提高学生思想政治素质等方面寻求突破和解决办法，加强对心理危机干预的监测和指导，形成联动合作机制。在这项工作中，高职院校领导、职能部门、教职员工和学生共同参与，集中智慧，深入细致地研究学生公寓中的各种安全隐患和威胁、各种矛盾和分歧及其可能产生的后果，特别关注高职学生的行为特点和成长经历。同时，要加强和学生的联系和疏导，坚持每天对学生公寓进行认真调查，及时发现突发事件迹象，及时预警，不留任何会产生安全问题的隐患。此外，要善于结合自身特点总结规律，形成预案，在日常、细致安全管理的基础上，建立相应的应急预警模式。

（三）心理干预模式

学生公寓一旦发生突发事件，很可能会给教师、学生和员工带来心理问题，愤怒、恐惧、悲观等情绪的影响可能不会在短时间内恢复正常。因此，高职院校必须加强心理健康教育工作，在学生公寓中设立一定数量的心理咨询室，提供配套专项资金，科学制定和规范心理危机干预流程，组织心理健康教育专业人员对师生进行心理咨询和心理危机干预。

同时，要不断完善心理健康教育"预防、咨询、干预、外援、互助、保障"六大机制。加强心理健康教育与思想政治教育的整合，开展网络咨询、个体咨询、团体咨询、同伴咨询等多层次、多形式的心理咨询工作，降低学生心理危机事件的发生率。

在构建学生公寓突发事件心理干预模式的过程中，要注重培养学生骨干如心理委员、朋辈辅导员等的心理干预能力，充分发挥与普通学生同一身份、同一立场、深入沟通的特殊作用，形成一种学生公寓突发事件心理干预的群体性力量。

（四）联动合作模式

在高职院校学生公寓的应急预防和处置过程中，我们发现，谁负责管理学生公寓，谁就负责应对突发事件，其他部门袖手旁观或被动参与。这将导致应急预防和处置因缺乏关注和合作而失败。因此，我们必须牢固树立在应急预防和处置过程中充分参与、共同管理的理念，建立强有力的联动合作模式，避免造成孤军奋战的局面。

在联动合作模式建设中，首先要明确高职院校党委、行政主要领导的核心地位，学生公寓一旦发生紧急情况，高职院校书记、院长必须亲自指挥；第二，学生部、安全部、总务后勤部、财务部、宣传部应纳入应急小组，明确各自的职责和义务；第三，将公安、消防、医院等相关政府部门纳入联动体系。同时，整合高职院校教师和职工的力量，寻求学生和家长的大力支持与合作，通过学校、社区、公共媒体等机构，以多种方式传播危机管理的信息和知识，提高危机管理意识，增强危机管理能力。

（五）信息沟通模式

在信息高度透明、各种媒体嗅觉敏感的时代，高职院校学生公寓一旦发生突发事件，依靠传统的行政手段是无法压制和掩盖的。正确的应对方式是建立危机管理的信息沟通模式，传递真实信息，积极引导教师、学生和员工应对突发事件；只有正确面对新闻媒体的关注和报道，积极发布真实的相关信息，才能得到教师、学生和员工的信任和支持，消除猜测和杂音，获得媒体的正面报道和关注，减少突发事件对教师、学生和员工的生命财产损失和负面威胁。

一旦学生公寓发生突发事件，高职院校宣传部门应立即采取行动，收集相关信息，了解事件发生的原因、现状和后果，制定新闻发言人制度回应学生、家长和媒体的提问和询问，统一口径发布权威信息，避免众说纷纭和小道消息的传播，不能引起学生心理恐慌和媒体的无端猜测，导致谣言和危机的产生。要牢牢把握信息传播渠道，发布公众信息和学生关注的安抚信息，稳定师生情绪。[1]

---

[1] 赵晓军，刘效凯.高校学生公寓社会化服务进程、问题及对策研究[J].高校后勤研究，2020(12):5-7.

三、高职院校公寓安全管理的处置流程

根据公共危机管理理论，我们认为全面整合的学生公寓危机管理模式不仅意味着学生公寓危机管理需要政府、社会、学校、家长和学生的广泛参与合作，同时也意味着学生公寓危机管理是一个系统的过程，包括危机缓解、危机准备、危机应对和危机后恢复重建四个关键环节或阶段。为了有效预防和应对学生公寓突发事件，高职院校需要在不同阶段采取不同的对策和措施，确保学生生命财产安全和学校的稳定发展。

（一）高职院校公寓突发事件的缓解

学生公寓危机的缓解是指高职院校通过不断的努力和行动，采取各种措施来降低或消除突发事件的风险及其影响。危机缓解工作的目的是创造一个安全、稳定、和谐、清洁的学生公寓。

良好的学生公寓硬件条件是学校安全管理的基础，尤其是消防和安全防护设施。学校要按照标准化公寓的建设要求，投入一定资金改善学生的住宿条件，保证每个宿舍24小时供暖、开水供应、合理的电源插座、优质直饮水、电风扇或空调、防盗网和其他基本设备；根据消防要求增加和更换灭火器、软管、防毒面具等消防设备；及时更换老化的电线和水管，维修漏水的宿舍；等等。

学生公寓的安全管理必须运用三种现代高科技管理技术来提高学生公寓的安全系数。首先，安装智能电源管理系统，有效控制学生非法使用大功率电器；其次，有监控系统的公寓中盗窃等事件的数量也明显少于没有监控系统的公寓，这也对学生行为的各个方面起到了警示作用；第三，电子门禁系统可以有效防止外来人员和非本地人员进入学生公寓。一些安全设备陈旧的学生公寓应加强安全设施的检查和维护。

学生是公寓安全的主体，他们的安全意识及安全防范能力直接影响到公寓的安全。因此，应多途径切实加强安全教育管理，促进学生安全意识及安全防范能力的提升。根据《教育部关于进一步加强高等学校学生公寓管理的若干意见》的文件精神，高职院校必须加强对学生公寓的思想政治教育、日常管理和养成教育，制定严格完善的学生公寓管理制度。学生公寓的宿管员、生活指导老师、各二级院部的学生管理工作人员每天都要深入学生公寓了解学生的思想动态和行为表现，

排查各种安全隐患，耐心细致地做好学生沟通引导工作。对发现的安全隐患要整改或上报上级有关部门，对学生中的不稳定苗头要稳妥及时地化解，同时要注重学生安全责任意识的培养，提高学生的安全防范能力。

高职院校都开展了宿舍安全管理制度建设，但各种制度条块分割非常突出，约束力不强，在实际执行过程中流于形式，部门与部门之间互相"踢皮球"，宿舍管理员与辅导员之间相互推责任，学生公寓的安全因缺乏制度的约束和保障而显得不堪一击，问题频发。因此，需要高职院校站在学院层面上制定切实可行的安全管理制度，形成严厉的管制措施保障制度并保证落实，方能减轻学生公寓的安全风险和危害。

有了完整的学生公寓管理制度后，还需要学校严抓制度的落实，而不仅仅写在纸上、挂在墙上。抓制度的落实，第一，明确制度的管理范围。不同身份和不同分工的安全管理制度建设是不一样的，但是都需要达到管理的目的，只有明确管理范围，才能让学生公寓安全管理制度的制约性在学校范围内得到实现；第二，明确制度的奖惩机制。高职院校要有明确的学生公寓管理奖惩办法，有激励和处罚，对于管理有序、安全无事故的学生公寓管理部门和个人要大胆奖励，对于管理混乱、整改不到位、酿成安全事故的管理部门和个人要追究责任、给予处罚；第三，要明确制度的监督执行。学生公寓的安全管理制度需要学校安排一个有力的监督执行机构来完成。

高职院校学生公寓管理部门应该把学生的思想政治教育贯穿于学生宿舍管理工作的各个环节，首先是要全面推进思想政治教育工作"五进"公寓，切实形成"管理育人，服务育人，环境育人"的格局。第一，学生安全教育必须进学生公寓，形成浓厚的安全教育氛围；第二，学生辅导员必须进入学生公寓，加强与学生的沟通引导；第三，积极推进心理咨询和干预活动进公寓，确保学生心理健康、行为积极向上；第四，积极推进养成教育进公寓，教育学生养成健康自律的生活习惯；第五，积极推进学生会、护校队、自律会等学生组织进公寓，加强学生自我管理、自我监督的能力和水平。

其次，安全教育大会、主题班会等传统安全教育形式形成常态化机制。高职院校的学生群体普遍安全意识淡薄、安全防范能力不强，因此，传统的安全教育形式必须坚持开展不放松。要通过长期开展专题安全教育大会、安全主题班会、团日活动等，让学生在心中时时绷紧安全这根弦，主动或被动接受人、财、物的安全防范常识教育；能够明白安全行为失范的严重后果，掌握基本的自我保护或救护的方法。

再次，充分发挥网络优势，通过世界大学城学习空间、微博、微信、QQ等网络平台，对学生进行公寓安全教育。把教育的内容制作成精美的、寓教于乐的多媒体课件放在世界大学城学习空间上，让学生不受时间、空间的限制进行学习，对教育的内容和意义有更加直观的感受。在微博、微信、QQ等网络平台，可以定期发布安全知识，给予学生安全指导，或把公寓安全热点问题、安防措施等编辑成信息实时发送，向学生通报，因势利导。

（二）高职院校公寓突发事件的准备

学生公寓危机缓解工作虽然可以处置已经发生的突发事件，但并不能消除各种危机的风险和可能性。因此，学校需要未雨绸缪。

高职院校要按照以学生为中心、有效预防、及时处置的方针，成立学生公寓安全稳定领导小组，组长由书记、校长亲自担任，分管学生工作和安全的副校长为副组长，学生工作部、综合办公室、财务办公室、安全办公室为成员，各二级学院和部门负责学生工作的主要负责人为成员，办公室设有学习和工作部。学生公寓安全稳定领导小组统一协调学生公寓管理，实行学生公寓联合管理和综合管理，充分发挥服务、管理、教育的主导作用，应对学生公寓危机。学生公寓安全稳定领导小组是学生公寓安全管理的最高行政机构，在其统一协调下，各职能部门的具体分工如下：

学生部：负责宿舍学生的思想政治教育工作和日常行为管理；选拔、聘用、管理和考核学生公寓的教育管理员和门卫；学生公寓安全教育、应急预警、记录和协调处理；制定各种应急预案等。

总务部：负责向学生工作部（办公室）提供学生公寓及房间内的整体配套设施，并负责向学生宿舍区输送水电，保证公寓内学生的正常水电供应，负责学生公寓区基础设施的更新和维护。

财务部：负责学生公寓教育管理资金的拨付和应急处理费用。

安全保卫部：负责指导学生公寓区域内的学生安全教育，开展突发事件的安全防范演练，与学生部共同应对学生公寓内的突发事件，协调公共安全、卫生防疫工作，联系医院和其他政府部门支持处理学生公寓的紧急情况。

宣传部:密切监控网络、移动信息平台等新闻媒体,及时预警,发布相关信息,并与各新闻媒体协调配合,获取客观、正面的宣传报道。

高职院校必须建立自下而上的学生公寓三级应急机制,即学生干部、门卫、宿舍与学生公寓各区二级院系的联动是一级应急机制;各二级院系、学习与工作部、安全办公室、总务办公室和财务办公室的秘书的联动是二级应急机制;高校、公安、卫生、医院、消防等政府部门联动为三级应急机制。根据不同的类型、规模和危害,学院逐级启动应急机制。

高职院校领导与学生办公室、综合办公室、保卫办公室、宣传部等职能部门签订《学生公寓安全管理责任书》;学生办公室、宿舍教育管理科和各二级部门还应分别签署《学生公寓治安综合治理目标责任书》和《学生公寓消防安全目标责任书》;宿舍教育管理科、门卫、宿舍管理员、宿舍负责人分别签署《学生公寓安全管理目标责任书》;确保管理上没有真空,责任上没有空白,检查上没有死角,安全上没有遗憾。同时,要加强学生公寓的应急演练,每年邀请消防部门对师生进行紧急逃生、消防和防震指导;邀请公安部门传授教师、学生和员工的防盗、性侵犯和自卫常识;邀请医务人员演练急救、护理等应急医疗救援知识,有效培养学生公寓师生员工的应急响应能力。

应急预案是否有效,实施中存在哪些困难和漏洞,需要通过模拟演练进行检验。高职院校学生公寓管理部门应定期组织模拟演练,主要针对一些容易发生、危及师生生命安全的大规模消防安全和心理危机干预。应根据高职院校不同的地理环境特点,确定模拟练习的主要内容。"以人为本"原则在危机管理中的根本体现是采取预防措施,把师生生命财产安全放在首位。但是,为了降低劳动力成本,没有必要每年定期组织一到两次全校范围的演习活动。训练时间可安排在运动会或新生军训期间。这样一来,不仅可以在新生一入学就培养他们的应急意识,还可以通过应急演练中的互助提高他们的集体凝聚力。模拟演练的主要任务是:一是检查各机构和部门在危机管理过程中的相互配合情况,以及各机构的执行力是否能保证整个危机管理体系的顺利运行;二是通过模拟演练,确保全体师生和工作人员能够更清楚地理解和实施应急预案;三是查找应急预案的漏洞,进一步完善应急预案。

高职院校学生公寓风险源影响大、出现频率高,主要集中在心理问题、群体活动、安全事故等方面。具体来说,主要包括八个方面。一是由就业、恋爱和经济贫困等引发的心理障碍进而造成的自虐、自杀或故意伤害事故;二是因学习、饮食、住宿、费用等问题引发的群体性事件；三是触电、火灾事故；四是大风、雪灾、地震等自然灾害；五是突发性疾病和重大传染病的发生和传播；六是重大敏感事件引发的学生静坐抗议和砸车行为；七是盗窃手机、电脑等贵重物品；八是各种矛盾引发的打架斗殴。

（三）高职院校公寓突发事件的应对

一旦学生公寓危机爆发，危机应对过程即正式开始。危机应对阶段的主要目标是保护学生的生命安全；减少危险的初始影响和损失；尽量减少危机造成的二次影响和损失。危机应对阶段的主要工作包括以下内容：

坚持早宣传、早安排、早处置的原则，通过悬挂横幅、张贴标语、报纸广播等形式，在第一时间向学生通报突发事件的相关信息和注意事项，特别提醒学生注意预防突发事件造成的各种危害。要向学生警示当前或可能出现的突发事件发展趋势，警示学生远离危险源，有效警示和教育学生，减少安全事故的发生。当学生们进出寝室时，尽量让他们看到警示标志，随着时间的推移，学生们必将铭记于心。

在自然灾害、消防事故、传染疾病和其他突发事件中，应及时使用微信、短信和其他媒介通知学生，引导学生做好应急准备，尽量避免人员伤亡和财产损失。无论学生公寓发生何种突发事件，高职院校都应坚持"以人为本"的原则，把学生生命财产安全放在首位，采取一切可行措施保护学生生命财产安全，最大限度地减少学生生命财产损失。应在前线设立应急指挥部，以全面挽救学生生命、及时挽救学生财产为最高目的，开展现场指挥和行动，确保受影响学生的生命财产安全。

突发事件发生后，高职院校要主动建立学生诉求接待处理机制和困难学生救助机制，为学生提供各种服务。这些服务不仅包括饮食、住宿、沟通和学习的需要，还包括及时有效的心理干预，对每个受影响的学生进行心理辅导，妥善解决学生的各种困难和问题。学校需要重点为受紧急情况影响的学生及其家庭提供心理干预。按照自上而下、从重到轻的原则，在突发事件发生后尽快对当事人进行心理咨询，解决心理问题。发现有严重精神障碍或者精神疾病的，必须及时向上级部门报告，联系心理咨询专家，或者及时向当地医疗机构转诊。

（四）高职院校公寓突发事件的恢复重建

从学生公寓危机发生阶段到恢复阶段再到正常运行阶段，可能需要很长时间。恢复重建的首要目标是恢复学生公寓的基础设施和基本运营秩序，迅速恢复与学生生活密切相关的水、电、通信等系统的正常运行；最终目标是确保学生的生活和学习回到危机前的状态。恢复措施包括短期措施和长期措施。短期措施主要是救济和安置，长期措施包括危机后重建。救济和安置工作主要包括现场清理；恢复正常的教学生活秩序；恢复高职院校的服务。重建工作包括重建学生公寓的基础设施，重建学生的信心和活力。需要指出的是，危机发生后学生公寓的恢复重建必须与危机缓解紧密结合，恢复重建计划应与缓解计划有机结合。

突发事件结束后，高职院校有关部门应将工作重点从应急响应，转移到突发事件后的秩序恢复和善后处理上。对突发事件造成的损失进行评估，包括资产、金钱、声誉以及教师、学生和员工的心理伤害。经过评估，制定并实施恢复计划，最终使高职院校学生公寓恢复到应急前的状态。在这个过程中我们应该积极、稳步、深入、细致地处理善后工作。

高职院校必须坚持内外沟通。对于高职院校内部而言，所有教师、学生和员工都应该明白，紧急情况已经得到妥善处置；高职院校的工作重点是恢复到应急前的状态，并公布高职院校的恢复计划和预计恢复时间。对于高职院校的外部管理，一方面要向政府主管部门详细报告高职院校学生公寓的损失和目前的回收情况；另一方面，我们也应该让媒体了解真实情况，努力赢得公众的信任和支持。

高职院校学生的个人素质和成长经历决定了高职院校学生公寓的管理比本科院校困难得多。根据近年来高职院校学生公寓突发事件频发的趋势，我国高职院校学生公寓的安全管理需要加强和完善，突发事件的预防和处置机制需要补充和完善。我们必须从道德建设和育人的高度出发，根据高职院校的办学目标和自身实际，认真研究判断现状，研究学生管理对象和工作内容的变化，形成具有高职特色的学生管理新思路、新成果。要从"轻预防、重治疗"的现实中解脱出来，积极探索高职院校学生公寓突发事件应急处理的新方法、新机制，坚持以学生为本的工作理念，切实增强教师、学生和职工的遵纪守法和安全防范意识，不断提高学生公寓突发事件的防范和处置能力。

第三节　高职院校公寓安全管理的对策分析

高职院校的发展在当下迎来了更好的机遇。国家和社会高度重视职业教育的发展，这也成为未来高等教育发展的方向，为高等职业教育的发展提供了新的机遇。大学校园的学生宿舍是学生休息的主要场所，也是继续学习、生活和交流的主要场所。宿舍成员之间相互影响，有时起到很大的指导作用。这正是"近朱者赤，近墨者黑"的道理，学生公寓氛围对学生价值观和人生观的形成有很大的影响。

高职院校的现实地位，导致了高职院校与本科院校相比，存在许多先天的不足和实践的特殊性。与本科学校的学生相比，高职院校的学生在生源结构和知识水平上存在一定的不足。进入高职院校是很多学生无奈的选择，他们不愿意进入高职院校，勉强进入也只是为了拿到文凭或学习一些技术谋生。这种生源的特殊性体现在学生的厌学情绪和抵触情绪上。高职学生宿舍安全管理必须融入校园教育体系，在日常管理的前提下，在校园教育中实施宿舍安全管理，以教育活动为载体开展行为教育，充分发挥学生自主参与和自我管理意识，创新社会管理模式，创建"四型"宿舍，强化学生学习动力，通过活动内化行为、养成习惯。

一、制度设计人性化，安全检查常规化

高校学生管理必须坚持以人为本。在管理学中，以人为本是管理者的一种领导模式或理念。我们以人的发展为出发点和落脚点，围绕激发和调动人的主动性、积极性和创造性，开展服务育人工作，提高人的综合素质，实现共赢。学校管理不仅是一个管理领域，也是一个永恒的话题。随着时代的飞速发展，学校管理有了新的理念。

以学生为本，服务于学生的成长。以人为本的工作理念已成为高职院校学生宿舍安全管理的重要原则。以人为本作为一种管理理念，在高职院校学生宿舍安全管理中应充分发挥学生的主动性，实现学生自我管理，充分发挥内部动力，最大限度地提高管理效率。自我管理不是一个简单的问题，制度约束和人的引导是必不可少的过程，也是以人为本的要求。自我管理是目标或效率最大化的体现。有效的管理必须形成一个系统，系统设计必须以人为本。结合高职学生的思想特点和学校现状，系统设计应人性化且具有针对性和可操作性。宿舍安全管理体系有几个主要要素，如制度制定、制度实施、制度考核等。

制度内容设置非常重要。它应该与现实相结合，首先是学校的现实，其次是学生的现实。因为不同的学校有不同的情况，所以完全相同是不可取的，以人为本是根本出发点。人性化制度有利于提高高职学生的接受度，减少学生接受的阻力。在教育过程中达到事半功倍的效果。人性化绝不是对原则的无视。坚持和维护原则体系，必须要采取有效的手段。

落实制度是制度实施的根本目的。要实施该制度，管理者首先要了解制度安排，掌握制度的具体内容，然后才能教育学生。高职院校学生入学后，必须学习宿舍安全管理的有关制度，了解宿舍管理的有关规定，这个教育过程也非常重要。制度实施的关键在于实施，每个宿舍、每个学生、学生工作人员、宿舍管理员和学生干部是制度实施的主要执行者和监督者。

系统评估下的安全检查应分为两个级别，学生级别和管理者级别。对学生的检查和评估，可以促进学生实现自我管理，规范检查内容和标准，实施量化评估。统一检查内容和标准，做好相关制度标准和检查要求，教育学生遵守相关指引，明确检查条款，以利于宿舍管理工作的改进。班主任和辅导员经常进入宿舍，做好与学生的沟通，以关爱和责任心对待宿舍安全管理的各个环节，让学生在被有

效管理的同时感到温暖，这样宿舍安全管理效果将会倍增。

二、完善管理制度，明确职责义务

做好安全隐患排查工作，建立及时有效的信息反馈机制，是宿舍管理工作的重中之重。宿舍安全必须依靠有效的管理制度，明确责任和义务。落实管理体系的要求，首先要在高职院校学生宿舍安全管理中协调主体、客体和环境的关系，明确上述要素之间的关系。主客体理论在这里也是相对的。学生作为学校管理的对象，也应该成为管理的主体，即实现自我管理，这也是管理体系的目的和本质。当然，也要及时控制和疏通环境因素的影响，发挥正面影响，消除不良影响。

高职院校宿舍安全管理过程中的信息反馈机制是宿舍管理工作的重中之重。高效和流畅的信息反馈是当今学生管理的重要环节。学生工作管理人员或宿舍管理员人数有限，不可能总是关注着每个宿舍的变化。因此，要充分发挥宿舍长的积极作用。宿舍长作为安全信息员，了解寝室学生的外出情况和上课情况。如果宿舍长可以依托有效的信息联系平台，及时报告辅导员或班主任当前存在着的不稳定因素，管理者就可以在第一时间了解学生的动态，特别是可以及时解决一些不稳定或潜在的安全问题。

高职院校学生宿舍安全管理制度必须明确责任和义务，管理者必须严格落实管理制度和检查考核制度。辅导员、班主任、宿舍管理人员要以身作则，平等对待，不徇私舞弊，积极做好服务工作，认真履行管理人员的职责和义务，增强管理效果。

三、强化安全教育，构建和谐文化

加强安全教育不仅是一个人或一个部门的事，也不能仅仅通过会议或讲座来解决。要充分发挥教育合力，形成安全教育体系。通过宿舍安全管理制度和安全意识教育，促进宿舍安全管理落实到位，将安全教育普及到每一个人。管理者和教育者必须有责任和意识，严格执行管理，责任到具体的某个人，不留安全管理的死角。此外要依托文化建设，整合安全教育，增强安全教育的实效性，加强宿舍文化活动建设，提高学生的主人翁意识。

构建和谐文化，必须针对学校和宿舍文化建设，不能脱离实际。开展校园和宿舍文化活动，有效利用环境教育和文化教育的有效管理方式，开展"宿舍文化节""宿舍文化活动月""宿舍内务评议""文明宿舍评选"等一系列丰富多彩的活动，不仅可以丰富学生的课余生活，也增进了宿舍之间的沟通和宿舍成员的凝聚力。单纯强调安全教育是单调的，效果不明显。在和谐文化建设下的校园宿舍文化主题下，各部门要联合开展专项教育活动，推进安全教育，提高教育实效。

四、创新社会化管理模式

社会化管理模式是高职院校后勤社会化必须面对的现实，宿舍安全管理必须适应这一趋势。社会化管理模式是一种有效的居住区管理模式。学生宿舍管理还应借鉴先进的管理模式和管理经验，全面提高高职院校学生宿舍安全管理水平。社会化管理是一种趋势。高职院校学生宿舍管理的外部环境和内部服务对象正在发生变化，随着高校后勤社会化改革的深入，社会化物业管理企业的不断发展和完善。

创新社会化管理模式是一种新的管理模式。结合新时期高职院校学生宿舍管理的实际情况和存在的问题，借鉴新的管理模式是必然的。社会化管理模式是符合学校特点的科学化、社会化、专业化的宿舍安全管理模式。在制度的规范下，创新社会化管理模式，形成规范化、专业化的管理模式，提高新时期高职院校学生宿舍安全管理的有效性。

随着高校后勤社会化改革和物业管理的不断完善和推进，高职院校学生宿舍物业管理人员将更加专业，具有强烈的忧患意识，以积极服务、积极解决问题的工作态度，将"以服务求生存、以质量求发展"的经营理念融入实际工作中。树立"一切为了学生"的新理念，不仅是高职院校物业管理部门在后勤社会化新时代应树立的理念，也是新时代学生宿舍管理应落实的责任意识。

员工是管理的关键。高职院校宿舍管理人员的素质直接影响教育管理的效果。为了建设一支管理严格、作风端正、素质高、业务优良的高校物业管理队伍，需要加强对相关人员专业素质和专业技能的培训，注重员工专业技能的应用能力，制定合理的员工考核办法，能够有效实施、奖惩明确，有利于学生宿舍管理的有效开展。这种培训和学习不能一劳永逸，学习应该根据实际变化不断调整，通过纵向学习和横向交流、专业讲座、技术竞赛等活动，提高员工的整体素质。

在后勤社会化过程中，物业管理公司或学生宿舍管理部门要充分发挥内外部优势，依托高校的大环境，扬长避短，搞好队伍建设，打铁还需要自身硬，建设好管理队伍，实行专兼职相结合、竞争上岗的模式，形成科学规范的物业管理体系。不同高职院校的特点是不同的，在具体问题具体分析的基础上，优化管理模式，提高员工管理和服务的责任感，才能做好学生宿舍的安全管理工作。

五、与时俱进优化网络信息化管理

随着信息时代的到来和网络的发展，互联网作为一种新的信息传播媒介，日益成为高校师生获取知识和各种信息的重要渠道。网络信息化是新时期科技发展和社会进步的必然趋势，网络进入校园和宿舍也是学校与时俱进的必然选择。目前大多数高职院校已实现校园网进宿舍区，学生用电脑直接向电信部门申请宽带上网。然而，互联网的"双刃剑"给宿舍管理带来了巨大的挑战。网络更容易让学生受到外部负面思想的干扰，大量不良信息和网络犯罪对他们身心健康和安全造成影响，校园网信息管理迫在眉睫。我们必须与时俱进，有效管理，充分发挥网络的积极作用，抵御网络的负面影响。高职院校必须加强对校园网的管理，必须在一定规章制度的约束机制下进行，加强对接入网络的综合管理，全面掌握学生的基本网络活动。贯彻执行《中华人民共和国计算机信息网络国际联网管理暂行规定》《中国教育和科研计算机网暂行管理办法》等有关法律制度，根据学校情况，制定学生宿舍网络使用管理办法，指定专业人员负责网络的监督管理，在一定程度上减少学生违反有关规定的行为。

利用信息手段加强信息的及时反馈。学校开辟向上反映问题的渠道，积极管理和引导问题，有利于问题的疏通、及时发现、及时解决。同时，还可以利用网络及时掌握学生的思想和动态，借助网络工作对学生进行教育和引导，发挥学生自我管理、自我服务意识，加强学生干部培训，提高工作实效。

六、打造"四型"宿舍主题文化建设

大学宿舍是学生生活休息、学习知识、培养能力、交流思想、传递信息的综合场所，因此必须对宿舍进行安全管理。管理过程以学生为主体，构建特色多样

的活动载体，赋予一定的内涵，整合特定的主题，从而有效地做好学生宿舍的安全管理工作。学生的言行是其思想外在最直观的体现，也是衡量学生身心健康的重要因素。

高职院校学生宿舍建设必须探索新的途径。它的出发点和目标要符合高等教育的宗旨，为人才培养服务，育人功能是必然要求。在高职院校工作过程中，根据大学生宿舍安全管理的要求，积极思考宿舍建设内涵。通过"四型"建设推进大学生宿舍安全管理，建设学习型宿舍、培育和谐宿舍、形成有竞争力的宿舍、创建安全的宿舍，形成安全稳定的宿舍。从点到面，从班级到年级，再到整个校园，形成热爱学习、团结互助的良好氛围，营造积极向上的整体环境。

教育在学生中的直接体现是学习。只有通过学习，才能达到教育的目的。所谓学习型宿舍，是指在宿舍内部和宿舍之间开展一系列学习评价和学习风格建设活动，"以宿舍为单位，营造良好的宿舍学习氛围"。学习型宿舍的建设要借助一些活动进行，每所学校的现状不同，活动形式也有所不同。

高职阶段的学习已经不同于高中阶段的学习。高职院校的大多数班级没有固定的教室，学习途径是通过课堂和自学，宿舍的气氛和氛围直接影响宿舍的整体表现。学生之间的相互影响远远大于外部的说教和压力。毋庸置疑，学习型宿舍的建设是学生在整体合力下自我激励的结果。同样，宿舍的带动作用也非常明显，从而形成一个学习氛围浓厚、人际关系和谐、共同追求进步的学生宿舍氛围。

建设学习型宿舍是加强学生宿舍安全管理的重要动力和保障。学生只有把心思放在学习上，才能全面服务于学习，增强个人自律意识，关注并有效实施宿舍安全管理。将西方学习型组织理论与我国高职院校校园文化建设的实践相结合，围绕学生成人成才的教育目的，学生可以增强自我能力、自律意识、责任意识和创新能力，相互学习，培养积极的思维方式，形成自己的兴趣和学习习惯，锻炼实践能力和团队合作意识，并且会刺激和感染其他学生，从而促进班级和学校良好学风的形成。建设学习型宿舍将形成良好的学习氛围，宿舍氛围自然会得到改善。通过构建学习型宿舍的过程，学生宿舍的安全管理将得到促进，学生宿舍的安全管理将更加有效。

和谐宿舍分为两个层次：宿舍内部和谐和宿舍之间的和谐。和谐宿舍培养团队合作和沟通能力，增强学生的未来社会适应能力。这种能力对技能型高职学生来说也非常重要。和谐是一种状态，积极进取、遵纪守法、团结互助是和谐语境的内在体现。体现在宿舍中，就是要在学生宿舍内部和学生宿舍之间营造开放、团结互助、学习帮助、积极参与活动的和谐状态。

　　培养和谐的宿舍，通过一些活动营造氛围，在宿舍内和宿舍之间举办研讨会，敞开心扉，开展批评和自我批评，讨论宿舍中一些小问题引发的矛盾，解决问题，在纠纷缓解时改善学生关系，将安全管理体系融入活动中，让大家发自内心地接受并自觉遵守，安全教育效果大大提高。建立互助宿舍是促进互助的主要途径。宿舍开展互助活动，交流沟通，增进学生之间的感情，提高学生的沟通能力，丰富学生的业余生活，有利于学生的学习，从而相互学习，提高学生的整体素质。开展文艺活动也是培养和谐宿舍的有效途径。开展一些大家都愿意接受的活动或比赛，让每个人看到其他人的优势，通过团队合作培养合作意识。

第六章 高职院校顶岗实习安全管理研究

第一节　高职院校顶岗实习现状研究

通过文献研究发现，"顶岗实习"一词只能在中国的文献中找到，国外的研究中没有"顶岗实习"的说法和概念。在国外，与校企合作相关的概念包括"合作教育""现代学徒制""双元制""职场学习"等。世界合作教育协会在2001年给出的定义是：合作教育结合了课堂学习和工作学习，学生将理论知识应用到相关的有偿实践工作中，然后将工作中遇到的挑战和见解带回学校，以促进学校的教学和学习。

"工学结合、校企合作、顶岗实习"是我国政府大力倡导的职业教育人才培养模式。从我国高等职业教育的发展现状来看，"顶岗实习"模式的校企合作已被大多数高职院校视为提升可持续发展能力、增强职业教育竞争力、提高职业教育质量的重要驱动力。目前，虽然"顶岗实习"校企合作办学模式取得了良好的效果，但由于校企合作模式涉及社会各个层面，在校企合作实践中还存、校企合作缺乏深度、合作企业提供的实习岗位质量不高等，导致学生对生产实习的认可度较低，学生在生产实习中的融入程度不深。由于这些原因，在实习期间有许多学生管理问题需要解决。[1]

"顶岗实习"模式下高职学生的管理问题不仅存在，而且具有一定的复杂性，这也对学校的学生管理策略提出了新的要求，例如，如何做好岗位实习期间的学生日常管理工作，异地实习期间学生的思想政治教育、心理健康咨询、安全管理，

---

[1] 刘军，孙百鸣.完善顶岗实习全过程管理［J］.人力资源，2022(10):104–105.

合作企业与学校在学生管理方面的协调等问题持续困扰着高职院校领导和学生管理工作者,这就要求研究者对"顶岗实习"模式下的学生管理问题进行分析和探讨,总结出更系统、更有效的学生管理策略,并将其应用于"顶岗实习"模式下的学生管理。

学生管理研究的实质是研究学生管理过程中存在的问题,其重要意义和重大价值是毋庸置疑的。在国家和社会层面,随着我国经济、社会和高等职业教育的不断发展,"工学结合、校企合作、顶岗实习"的人才培养模式已成为高职院校人才培养的主流模式。这种模式要求学生走出校园,理论学习与实际操作紧密结合,在特定的专业岗位上锻炼身心,努力提高专业技能,这种人才培养模式的实施,必然会对高职院校的学生管理工作产生影响。首先,研究者需要探索当前顶岗实习学生管理中存在的问题,并提出对策;其次,对于理论工作者来说,对顶岗实习学生管理的研究不仅是理论的来源,也是理论的应用和发展;再次,对于实践者来说,实习期学生管理研究不仅是一项行动研究,也是他们参与实习期学生管理研究的有效途径。

加强顶岗实习期间学生管理的目的是促进学生的全面发展,规范学生行为,使学生更好、更多地参与实习,提高其人际沟通能力和岗位能力,从而符合社会工作者各方面的要求,在确保学校相关工作安全稳定的前提下,确保人才培养目标的实现,确保学生毕业时的综合素质和能力在人才市场上更具竞争力。

"顶岗实习"模式下的学生管理是学校和企业在学生参与岗位实习过程中共同实施的管理行为。这对巩固和深化校企合作,保证学生顺利完成岗位实习任务,保证学生在岗位实习过程中的安全稳定,提高人才培养质量,推进岗位实习教学改革具有重要意义。事实证明,在顶岗实习期间,不同的学生管理策略会收到不同的学生管理效果。

因此,笔者对"顶岗实习"模式下高职学生管理的现状进行了分析和调查,找出了高职院校在岗位实习中实施管理存在的问题和不足,并结合湖南某高职院校的实际,分析总结了相应有效的学生管理策略,在一定程度上可以指导高职院校及其学生管理者在实习期间制定管理制度,实施有效的管理行为,也可以丰富高职院校实习期间学生管理的理论。

当前,在我国高等职业教育中,各高职院校在以市场需求为导向的管理理念指导下,大力加强自身教育教学质量和学院内涵发展,努力提高人才培养质量,扩大学校的社会影响力，更好地为社会服务。大多数高职院校实施了"校企合作、工学结合、顶岗实习"的办学模式。顶岗实习已成为大多数高职院校深化校企合作、实现学院人才培养目标的主要手段。按照各专业设计的人才培养计划，安排学生在最后一学年或一学期到企业进行岗位实习，以加强学生在校学习的理论知识，提高其社会实践能力。

为了更准确地了解"顶岗实习"模式下高职院校学生管理的现状，研究人员以湖南某职业技术学院为研究对象，并通过问卷调查、访谈和查阅相关资料，获取高职院校在学生岗位实习中开展学生管理工作的更可靠、更有效的第一手信息。对辅导员的访谈主要涉及辅导员自身的学生管理经验、学校岗位实习管理体系的建设、岗位实习的发展、岗位实习管理中存在的问题、岗位实习管理的建议等；对校企合作负责人的访谈主要涉及企业如何招聘和使用实习中学生、如何管理实习中学生、实习管理中存在的问题、实习管理的建议等；在问卷调查的基础上，再次对学生进行访谈，目的是补充问卷调查。与问卷调查相比，访谈更关注学生在实习中的具体情况和实际问题。

第二节 高职院校顶岗实习管理工作分析

在"顶岗实习"模式下，参与学生管理的两个主体是高校和企业。参与学生管理的学校工作人员包括学校各级部门领导、辅导员和专业教师；参与学生管理的企业人员包括单位领导、人事、部门经理、带教教师等。在顶岗实习过程中，参与学生管理的各级领导对学生管理工作的重视程度以及相关管理人员的素质和能力对学生管理的效果有很大影响。学生处于被管理的角色，他们对顶岗实习的态度和顶岗实习期间的表现也会影响学生管理的效果。

一、管理层的重视程度

（一）学校管理层的重视程度

通过问卷调查和访谈的统计分析可以看出，学校管理层对岗位实习的重视程度对岗位实习期间的学生管理有着显著的影响。通过问卷调查和访谈，研究人员发现，无论是学校教师、校企合作负责人还是学生，都希望学校管理层能够更多地关注和规划顶岗实习的各个环节。如果学校管理层重视实习期间的学生管理，制定一套相对规范、完善、有效的实习期间学生管理制度，可以使实习期间的学生管理工作有章可循，各管理主体按照政策制度对学生进行管理，使相关工作有序开展。如果学校管理层不重视，不制定规范合理的政策制度，就没有政策作为学生管理的依据和制度保障。各管理主体将根据一般工作经验开展相关工作，或自行探索工作要求和管理方法，无法把握管理重点。在政策和要求不明确的情况下，许多参与学生管理的教师以管理在校生的方式管理顶岗实习的学生，如采用常见的"三级"管理模式，辅导员与普通学生的直接接触较少；另一方面，缺乏工作经验的教师，尤其是实习期间没有参与学生管理的教师，很难把握学生管理的难点和重点，使得管理模式单一，关注结果处理而非日常问题。这些现象会导致实习过程中管理效率低下，学生管理混乱无序。对于学生来说，如果学校领导不重视学生的顶岗实习，学生很难认可校企合作的"顶岗实习"人才培养模式。他们认为，学校组织学生参加顶岗实习是为了"卸下包袱"，让学生感到"被放逐"，产生一些不良情绪，甚至抵制顶岗实习，这使得学生对学校开展的与顶岗实习有关的工作感到不满，不配合甚至拒绝接受管理，这对实习中的学生管理产生了非常不利的影响。

例如，在对学生的采访中，学生 Q 告诉研究人员："至于实习期间的学生管理，我认为实习政策不稳定，经常发生变化，比如绩效评估，这给我们学生带来了很大的麻烦，导致学生抵制学校实施的'顶岗实习'教学改革，甚至有少数学生反对学校安排，抱怨学校。我希望学校领导能从一开始就计划好相关工作，不要折腾教师和学生。这样，我们可以更好地执行学校安排，更好地与教师和学生合作。"

例如，在采访大学教师时，负责教学管理的 G 老师告诉研究人员："从我的工作角度来看，学生实习的相关规章制度并不完善。即使有政策，标准化和执行力度也不够，比如学生成绩和学分评估。据我所知，每个部门都有自己的评分要求和标准，少数部门采用学分置换等操作方法。因为如果要实施学分置换，学分置换应该由各单位按照细则单独制定，这项工作比较繁琐，所以大多数采用学校课程的形式。在具体操作过程中，存在着教师难以评价学生的成绩、学生难以参加考试等问题。为解决这一问题，学院领导和各二级部门或分支机构的领导需要认真调查学生的顶岗实习情况，制定相关规章制度，规范顶岗实习期间的学生管理。"

再比如，辅导员 C 告诉研究人员："从我平时的辅导员工作来看，首先是管理层对岗位实践的重视需要加强。有必要制定合理规范的文件，避免'朝令夕改'的局面。"

再比如，校企合作办公室的 F 老师告诉研究人员："我院多年来一直实行校企合作的顶岗实习模式，取得了很多成绩，促进了学院人才培养目标的实现。但是，在顶岗实习的管理方面还存在一些问题。例如，对于顶岗实习，我院只有纲要性的管理规定，没有统一、详细的顶岗实习管理规范。各二级学院根据自身情况制定适合自己的相关规定，这些规定基本上是经验性的，缺乏合理性。实习期间，学校领导要重视实习工作，提高实习管理效果。根据实习的具体工作成果，学校领导需要进行学生管理制度的完善。"

（二）企业管理层的重视程度

通过问卷调查和访谈的统计分析，可以看出企业管理层对岗位实习的重视程度对顶岗实习期间的学生管理有很大的影响。企业管理层是否重视顶岗实习期间的学生管理，是否在顶岗实习期间制定了学生管理制度和教学制度，是否配合学校管理，直接关系到顶岗实习过程中的学生管理和学生岗位能力的培养效果。如果企业管理层重视顶岗实习，并制定标准化的制度和要求，企业部门和使用岗位实习学生的相关管理人员将根据相关要求关注学校的顶岗实习安排和学生的培训。学生在顶岗实习单位受到重视和培训，使学生对企业有强烈的归属感，学生在顶岗实习岗位上会更加努力，更好地符合企业要求，完成工作任务。在此基础上，更好地开展岗位实习相关工作，形成良性循环，促进校企合作进一步发展和深化。如果企业管理层在岗位实习期间不重视岗位实习和学生管理，企业各部门和相关管理人员对这项工作就不会有很好的了解，就会出现敷衍了事的情况；顶岗实习将被视为一般的实习，顶岗实习学生的"学生"和"实习员工"双重身份将被削弱，对学生的职业意识培训将减少，不利于学生的成长，从而降低学生对企业的认同，造成拖拉、不配合甚至拒绝服从相关管理，对实习中的学生管理产生了非常不利的影响，阻碍了顶岗实习的后续发展。

比如，在采访企业校企合作负责人时，企业指导老师 H 告诉研究人员："在招收实习学生的过程中，我们的企业基本上没有制定专门的制度来管理实习学生，没有制定实习学生的培训计划和未来的保留和晋升安排，基本上是根据各部门的职位空缺来招人的，导致一些学生不知道对顶岗实习学生的要求。我认为，如果每个实习单位的领导都能站在一定的高度考虑实习的安排，学校和企业之间的合作可以更好地进行，这也更有利于学生在实习过程中的管理。"

企业指导教师 L 告诉研究人员："在本单位，对于人事管理工作，一般来说，新员工在招聘后会被分配到相关的用人部门和岗位，由该部门管理和培训。一般情况下，人事部门不会询问实习岗位的实际情况。实习岗位的工作情况基本上由带教老师负责，然后向部门经理或主管汇报。只有当出现重大问题时，就业部门才会认为顶岗实习生不适合工作，需要调动或解雇学生，然后才能向人事或公司领导反馈。"

辅导员 A 告诉研究人员："就企业而言，很多企业没有详细的招收实习学生的培训计划。基本上，根据工作要求，他们对学生进行简单的培训，安排学生从事技术含量较低的工作，较少指导学生规划自己的职业。据学生介绍，很少有单位领导真心寻找学生谈话或进行思想政治教育，导致学生在实习单位缺乏认同感和存在感，感觉不到公司领导的重视，想辞职或半途而废；据我所知，一些单位招聘实习生主要是为了降低公司的成本。他们只雇佣实习生，毕业后不再成为正式员工，并将其用作廉价劳动力。如果公司领导重视岗位实习生的培训，学生了解本单位对他们的培训计划，他们就会有强烈的归属感，工作会更加努力。"

以上访谈结果表明，企业领导层是否高度重视顶岗实习相关工作，在顶岗实习过程中对学生管理产生了很大影响。企业需要关注顶岗实习学生，制定详细的培训计划，促进学生对本单位产生强烈的归属感，避免不必要的人才流失，提高学生顶岗实习的稳定性，从而提高实习期间对学生的管理效果。

二、管理队伍的素质能力和管理水平

（一）辅导员管理队伍的素质和管理水平

辅导员是大学生人生发展的领航员、学生成才的导师、学生心理健康的辅导者、学生权益的维护者。近年来，由于高职院校的快速发展，学生人数不断增加，这就要求学校招聘更多的辅导员来管理班级。由于工作繁重、工作压力大，大部分辅导员对岗位的认同感不强，部分辅导员辞职或调任，导致辅导员流动性大。据不完全统计,在湖南某学院,工作经验不足三年的辅导员占辅导员总数的近 50%。大多数时候,一些学院一直处于辅导员不足或招聘新辅导员的状态。大多数新招聘的辅导员和教师都是该校的应届毕业生,他们没有辅导员工作经验或校外工作经验。在一些工作安排中,新招聘的辅导员可能会在进入学校后立即担任大二甚至大三的辅导员。作为这些年级的辅导员,他们一定会面对顶岗实习的学生。顶岗实习学生管理是一种特殊的管理方式。由于缺乏工作经验,对"顶岗实习"校企合作人才培养模式缺乏了解,在顶岗实习过程中对学生进行管理时,会出现管理方法上的缺陷和管理理念的不清晰。

在对学校教师的采访中,C 辅导员告诉研究者:"我是一名辅导员教师。根据目前辅导员的专业化和职业化,包括党团建设、网络思想政治、学生事务、心理健康和职业规划等方面,为了兼顾全方位,各部门领导根据每位辅导员的情况进行统筹安排,各辅导员在不同方向上选择专业化、职业化的道路。因此,只有 20% 的辅导员注重学生的职业规划。其他大部分辅导员和教师缺乏学生职业发展的相关理论知识,无法培养学生的职业发展规划和专业素质,辅导能力相对有限。因此,由于专业知识和素质水平的不平衡,不同辅导员在学生管理中的作用是不同的。老辅导员相对较好,新辅导员管理不到位的情况相对多见。E 辅导员告诉研究人员:"在影响实习期间学生管理效果的管理团队影响因素中,我认为新辅导员没有带过毕业班的问题比较突出。他们最大的问题是缺乏经验和管理水平低,无法在实习期间掌握学生管理的重点和难点,缺乏有效的管理措施和方法、手段。"

在管理过程中,教师和辅导员是影响管理效果的主要因素。部分专业的学生反映,他们的辅导员不是很好。他们每次都用强硬的手段管理学生和安排相关工作,辅导员平时也很少关心他们。由于缺乏经验,管理水平较低,他们经常拖延和不配合学校开展的各项工作,导致未能按时完成学校的相关工作,辅导员在学生管理过程中也非常辛苦,结果也发现,实习过程中的学生管理效果不佳。学生 P 告诉研究人员:"从我个人的经验来看,顶岗实习的管理在几个方面存在一些问题。比如,在思想政治教育方面,高校教师想把工作做好,但却力不从心,单位基本上不关心这个问题;辅导员和教师仍然非常重视安全教育,不时提醒大家注意安全,但他们很少去学生公寓或工作场所,这很容易造成盲点,导致学生管理出现问题。"

上述受访者的评论也明确显示，作为学校学生管理的主要实施者，辅导员的素质和能力，管理方法和手段的优劣无疑对学生管理在岗位实践过程中的影响最大。高质量、高水平的辅导员，适当的管理方法和手段，可以最大限度地发挥学生管理的效果，保证学生管理的顺利实施；否则会降低管理效果，阻碍学生管理的发展。

（二）校内指导教师的素质和管理水平

在各高职院校开展的"顶岗实习"模式下，学生参与校企合作顶岗实习后，学校将安排相关专业教师在学生岗位实习过程中担任辅导员，负责指导和回答学生在岗位实习过程中遇到的一些专业问题，帮助学生从专业层面更好地学习、成长和发展，实现专业人才培养目标。通过问卷调查和访谈的统计分析，可以看出，作为学校第二管理团队的学校辅导员在实习期间对学生管理效果也有很大的影响。如果学校辅导员的专业素质和管理水平较高，就可以很好地解决学生在实习岗位上的专业问题，缩短与学生的距离，引导学生更好地学习、快速胜任实习岗位，从而方便学生的管理，提高管理的效果和效率；相反，如果学校辅导员的专业素质较差，管理水平较低，不能很好地解决学生在实习期间的专业问题，学生就会怀疑学校辅导员的能力，疏远学校与教师，影响顶岗实习期间学生的管理效果和效率。

例如，在采访期间，学生 M 告诉研究人员："参加实习后，我们或多或少会遇到一些无法解决的专业问题。因为我们对公司不熟悉，和员工也不熟悉，我们会向同学和学校的实习老师征求意见。如果老师能立即给予指导，我们可以很快解决问题；如果老师没有给出正确的指导，我们就不会再向学校寻求帮助了。"学生 W 告诉研究人员："学校的一些专业讲师以单一的方式管理学生，不访问学生的实习单位，导致学生对学校和老师以及实习工作不满。很多时候，学生都不配合学校的管理工作。"学生 Q 告诉研究人员："对于实习期间的学生管理，我认为学校的一些专业辅导员存在很大的问题，对学生的实习很少关注。只要求学生按照学校要求在时间节点收取相关资料。因此，学生对这些教师感到不满，不太愿意与他们沟通。"

再比如，辅导员 E 告诉研究人员："虽然一些二级学院已经安排了顶岗实习校内指导老师，但执行情况不是很好。一些校内指导老师不负责任，很少关心学生的岗位实践。他们只是要求学生根据学校规定不时提交各种实践证明材料，这会让学生感到厌恶，不配合学校工作。"

上述受访者的言论表明，学校辅导员的素质和能力，以及管理方法和手段的优缺点，在岗位实践过程中对学生管理的效果也有很大影响。高质量、高水平和适当的管理方法和手段，可以在一定程度上提高学生管理的效果，保证学生管理的顺利实施；否则会降低管理效果，阻碍学生管理的发展。

（三）企业带教老师的素质和管理水平

在"顶岗实习"模式下，学生进入校企合作单位进行岗位实习后，企业将为每位学生安排一名带教老师，对学生在岗位实习中遇到的困难和问题进行指导和解答。企业带教教师的素质、能力和管理水平以及对学生的责任程度，也对实习岗位的学生管理产生一定的影响。从问卷调查和访谈的统计分析可以看出，企业带教教师作为企业直接管理学生的实施者，与学生的接触和沟通最多，这也会极大地影响学生在岗位实习过程中的管理效果。如果企业带教教师的岗位技能和管理水平较高，可以很好地引导学生在岗位实习中解决岗位能力不足的问题，引导学生更好地学习，快速胜任实习岗位，方便学生管理，提高管理效果和效率；相反，如果企业带教教师岗位技能差、管理水平低、对学生的关注不够，不能更好地引导学生解决岗位上的问题，提高学生的岗位能力，帮助学生在岗位上更快地成长，学生就会怀疑教师的能力，觉得教师忽视了他们，这可能会导致学生对企业的教学老师乃至企业的不满，导致与企业的不和谐，阻碍了实习期间的学生管理，降低了管理效果和效率。

例如，学生 X 告诉研究人员："我们公司主要从事技术支持外包。所有顶岗实习的学生都被分配到不同的外包单位负责技术支持。就像其他单位的正式员工一样，所有工作都是由我们自己完成的。带教老师很少主动关心我们。一般来说，我们会主动找到他们，但有时带教老师他们不太愿意教我们太多，这使得一些实习岗位上的学生与老师关系不好，所以他们觉得在这个单位实习很无聊，准备辞职。"

负责校企合作的 J 老师告诉研究人员："根据人事部的观察，我们单位的带教教师也存在一些不负责任的情况。他们不会或不想带实习生，这使得学生对单位有一些不好的看法和意见，这不利于实习生能力的培养和管理。"

K 老师是一名校企合作负责人，他告诉研究人员："在实习期间，学生管理出现了一个突出而棘手的问题。一些学生非常内向，难以沟通。可能存在一些心理问题，我认为这是学生心理健康方面的问题。根据一些企业带教老师的反映，企业带教老师很少掌握心理知识，不能为学生提供心理辅导，所以有些带教老师不适合做这些学生的管理工作。"

三、顶岗实习学生的组织形式

顶岗实习过程中的管理对象是学生。岗位实习单位的学生组织形式是集中还是分散，对学生管理有很大影响。由于学生实习单位多、地点分散，尤其是文科专业更为分散。分散实习对学生管理的要求更高、难度更大。通过问卷调查和访谈，研究人员发现，如果学生实习的单位相对集中，更便于学校和企业的统一管理，学院可以通过企业人员和学生，快速了解同一岗位实习单位学生的工作、生活、心理健康和安全情况，也方便辅导员和任课教师参观学生顶岗实习单位，与学生单位领导和带教老师沟通，共同管理实习过程中的学生。如果学生实习的组织形式相对分散，同一单位的学生人数较少，或者单位分配的工作场所过于分散，会给学校的学生管理带来很大的麻烦。毕竟，一个人的工作精力和时间是有限的，学校的辅导员和任课教师很难及时、准确、全面地关注和了解每个学生在实习后的工作表现、心理健康和安全等方面的思想状况，难以对学生进行及时有效的教育和管理，容易出现一些学生管理问题，如学生频繁跳槽、心理健康问题、企业与学生之间的矛盾等，甚至学生失去联系，这给顶岗实习过程中的学生管理带来了巨大的挑战和不利影响。

例如，辅导员 C 告诉研究人员："作为一名辅导员，我最头疼的是学生的心理健康教育问题。据相关统计，目前，有心理健康问题的学生比例在逐年增加。在学校里我们可以通过多种方式和方法对学生进行心理健康教育，但在学生参加实习的过程中我们很难掌握学生的心理健康状况，对学生进行的心理健康教育很少，或者基本上无法开展，只能根据已经出现的心理健康问题进行有限的心理健康咨询。因此，学生分布分散会影响学生管理的效果。"

四、企业对培养目标的认知程度

顶岗实习的目的是培养人才，是高等职业教育教学的重要组成部分。对于高职院校来说，希望通过真实的工作环境、规范的管理，锻炼学生并提高学生的综合素质，尤其是专业素质。对于企业来说，接受学生参加岗位实习的目的大多是为了得到低成本的人力资源或培养企业储备人才。

通过问卷调查和面对面访谈，研究者发现在实际操作过程中，重生产轻教育的现象非常普遍。大多数企业管理者注重校企合作产生的经济效益，没有建立长期的教育机制，没有将高职院校的人才培养目标融入企业价值链。因此，他们很少关注学生岗位实践的真正意义，很少考虑高职院校在安排学生实习前设定的人才培养目标。

研究发现，如果企业重视校企合作和学生培养，努力促成高职院校人才培养目标的实现，把实习后的学生培养成公司的"未来员工"，那么顶岗实习模式下的校企合作将充满活力，学生的认可度将大大提高，并在实习岗位上努力工作。学生管理工作也能有序、有效地开展。如果企业为了降低成本而不重视学生的培养，把学生当作廉价劳动力，就会影响校企合作的进一步深化，降低学生对企业和实习岗位的认可度，导致不服从管理或跳槽，甚至激化企业与学生、企业与学校、学校与学生之间的矛盾，这对顶岗实习过程中的学生管理非常不利。

五、学生对顶岗实习的态度

高职院校顶岗实习是学生将在校所学专业知识应用于具体岗位实践，是高职院校人才培养模式的创新。学生是顶岗实习的主体因素，他们对顶岗实习的理解和价值判断决定了学生对顶岗实习的态度和努力程度。因此，顶岗实习的人才培养目标能否实现，学生管理能否有序开展，关键在于学生是否愿意积极合作参与，以及学生对顶岗实习工作的态度和看法，这一点非常重要。

通过问卷调查和面对面访谈，结合研究人员的实际工作发现，大多数学生对学校开展的顶岗实习充满好奇和期待，但很容易将顶岗实习的各个方面和环节过于理想化。在这些学生参加岗位实习前后，他们对顶岗实习的理解和态度都会发生很大的变化，进而会出现一系列需要学校和企业共同解决的学生管理问题。

在参与实习的学生中，仍有少数学生不知道学校为什么要实施顶岗实习。这导致他们对实习环节缺乏重视，实习过程更加随意，没有吃苦耐劳的精神和工作热情。一些学生甚至认为学校逃避了教育责任，为了降低教学成本，他们收取学费，却不让自己上课，把他们赶出学校。这些负面认知容易使学生产生对立情绪，使得岗位实习过程中的学生管理更加困难。

第三节　高职院校顶岗实习安全管理主要策略

解决实习期间的学生管理问题是一个复杂的命题，涉及多个部门的联系与协调。系统权变理论学派卡斯特尔认为，组织是一个相互关联、动态和开放的系统。部分与整体、部分与部分、组织与环境之间存在互动。作为社会的一个子系统，组织必须在整个超级系统的约束下实现其目标，并为社会完成一些功能。同时，从系统的角度来看，卡斯特认为管理中没有一成不变、普遍适用的管理理论和方法，而是要适应组织的内外部环境条件，即管理的"权变"理论。他的观点是，"最终目的是提出最适合具体情况的组织设计和管理活动"。

在顶岗实习中，涉及学校、企业和学生。顶岗实习的前提是高职院校与企业之间存在共同利益。其发展的动力在于通过高职院校、企事业单位的"协同管理"获得"协同效应"，充分利用顶岗实习的校企合作平台，进一步深化高职院校教育教学改革，拓宽高职人才培养的渠道和方法，另一方面也可以促进学生在实习过程中实践在学校学到的理论知识。

因此，要做好实习期间的学生管理工作，学校、企业和学生需要从各自的角度共同努力，认真思考、分析、探索相关问题，寻求解决方案，使实习期间的学生管理工作有序、顺利地开展，从而进一步完善顶岗实习的各种制度规范。

一、完善顶岗实习管理制度，使学生管理工作有章可循

通过对问卷调查和访谈结果的统计分析可以看出，高职院校在实施校企合作的过程中，针对学生管理的专项文件不多，使得各个相关管理主体在学生管理中没有可依的规则，学生管理难以系统、准确、严格地进行，学生管理效果差、效率低。

进行顶岗实习的学生，既是学校的学生，也是企业的实习员工，这就要求学生同时遵守高职院校的规章制度和顶岗实习单位的管理规定。进行顶岗实习的学生在工作时间以外的其他时间享有很大的自由。因此，应建立一些便于顶岗实习期间学生管理的制度，以确保在岗实习期间学生工作和生命安全的稳定。

第一，高职院校和校企合作单位要根据学校、企业和学生的具体情况，积极引进和完善实习岗位管理制度，明确各方责任，避免学生管理工作出现真空地带。

第二，在高职院校层面，可以建立校企合作办公室等专门的实习管理机构，以"岗位实习"模式统一制定学校的相关制度，协调管理全校学生的岗位实习工作，制定顶岗实习的详细准入规则，将学校、用人单位和学生签订的岗位实习协议纳入日常工作，不断规范顶岗实习的校企合作模式。

第三，在三方协议的基础上，高职院校和企业还应制定相应的配套管理制度，如学生实习安全管理制度、学生实习绩效考核管理办法、学生实习日常管理规定、学生实习规章制度和管理办法等，在《学生岗位实习安全管理制度》中，明确安全管理的目的、安全管理的主体、安全管理责任的界定和安全事故的处理方法等。学校和企业都应认真调查和完善实习期间的学生管理工作，制定细则，使学生管理工作有章可循，确保相关工作的顺利开展。

二、利用新媒体手段，加强学生思想政治教育

与报纸、广播电视等传统媒体相比，新媒体是在互联网技术、移动通信技术等先进信息技术的支持下，以电视、计算机、手机等终端设备为载体形成的一种新的媒体形式。它具有信息交互、传递及时、形式多样、网络虚拟化、海量信息、传播公开等特点。在新媒体的影响下，人们的沟通方式和生活方式也发生了巨大的变化。作为网络上最活跃的大学生，他们的交流范围和交流方式也在发生着巨

大的变化。

在问卷调查中，74.17%的学生希望学校利用现代新媒体技术对学生进行思想政治教育、心理健康教育、安全教育和日常管理，这对新时期的学生管理提出了要求。学生管理工作者需要与时俱进，学习和运用新媒体技术，开展学生教育和管理工作，提高实习期学生管理的及时性和有效性。

第一，新媒体的发展和学生沟通方式的转变要求我们的学生管理者与时俱进。在平时的学生思想政治教育中，要积极运用新媒体载体，为学校和学生之间的交流创造新的平台。例如，学生实习管理平台的开发要求学生、辅导员和企业教师定期登录系统，学生在实习期间及时汇报情况，反映存在的问题，提出需要辅导员帮助的困惑；校外辅导员可以如实记录学生的实习情况，请求校内辅导员和高校辅导员的帮助，更好地管理学生。

第二，辅导员要进一步加强新媒体相关技术的学习、掌握和运用，利用多途径、全方位的管理手段和措施，对学生进行思想政治教育、心理健康教育、安全教育和日常管理。

第三，以互联网为代表的新媒体拥有海量信息且具有开放性，大都缺乏严格的法律约束和道德规范，网络中也充斥着一些不良信息，可能对学生产生不利影响，因此，在对学生进行思想政治教育的过程中，也要加强对学生的引导，使学生提高鉴别信息的能力，避免被不良思想和意识所影响。我们要充分发挥新媒体的技术优势，扬长避短，开辟思想政治教育的新平台，使新媒体服务于学生思想政治教育工作。

三、专人负责和双向导师负责制，加强学生职业意识培养

在顶岗实习中，高职院校和实习企业是培养学生的主体。高职学生职业素质的培养和职业能力的提高，不仅可以在学校全面培养，还可以通过在企业进行岗位实习的方式实现。学生在企业实习实际上是在企业接受在职教育，实践他们在学校学到的东西。企业和学校在学生管理中处于同一地位。因此，我们必须充分依托企业，充分发挥企业的积极性，结合高职院校辅导员和实践指导教师的力量，加强实习期学生的管理，加强学生职业意识的教育和培养。

第一，对于顶岗人数较多的单位，高职院校应整合人力资源，安排专人负责。

对于异地岗位实习单位，在学生参加企业顶岗实习的前期，学校应派专人到企业协助单位对学生进行思想政治教育，解决学生顶岗实习中出现的各种问题。实习期间安排专人负责学生管理，能有效、及时地与企业沟通实习期间学生的情况，让学生感受到学校对学生的关心和责任，避免学生的负面情绪，让学生积极、稳定地参与实习，按照顶岗实习的人才培养目标，努力锻炼和培养自己；同时，学校安排专人进入企业，协助企业做好学生的日常管理工作，促进学生尽快进入工作状态，规范学生的工作言行，加强职业意识的培养，努力提高学生的职业素质和工作技能。

第二，学生参加顶岗实习后，各高职院校应安排专业辅导员担任校内指导教师，负责指导和解决学生实习期间的专业知识问题。在引导学生提升专业知识的同时，校内指导教师还应积极响应全员教育要求，主动承担学生德育任务，在与学生沟通的过程中对学生进行必要的职业素养教育，督促学生根据企业岗位要求，加强职业规划建立，尽快胜任岗位实习工作，努力提高职业素质和技能，更好地完成岗位实习任务。

第三，企业应帮助学生尽快胜任本职工作，提高岗位技能。安排校内指导教师和企业带教老师，可以解决学生在岗位实习过程中的理论和实践问题，帮助学生更快成长，实现高职院校制定的人才培养目标。在顶岗实习管理过程中，企业教师不仅要教学生怎么做，还要教学生为什么这么做，引导学生按照职业规范和岗位标准要求自己，使学生对职业有更清晰的理解，加强职业素质和岗位技能的积累和提高。

第四，学校职业生涯规划教师、辅导员、校内指导教师和企业带教教师应在学生学习和成长的各个环节加强对学生职业意识的教育和培养。学校负责职业生涯规划课程的教师应加强职业生涯规划与发展课程的设计，并在学校课堂上展示真实的企业工作案例，使学生能够更早地接触和了解职业和工作知识，注重职业意识的培养和提高。

四、学分互换，促进学生自我管理

顶岗实习是高职院校教育教学实践的一部分。高职院校在与企业签订校企合作协议时，应根据顶岗实习人才培养模式的目标，与企业共同制定学生岗位实习任务书，安排岗位实习各阶段的任务，并将实习考核结果作为学校学分置换的依据，实现校外实习与校内学分的互换。

第一，高职院校的教学主管部门应根据各专业的人才培养方案，本着有利于提高学生专业知识和技能的原则，选择合适的校企合作单位，从而保证学生在顶岗实习后能够在本专业得到进一步发展，从而提高学生对实习单位和所从事岗位的认可度，减少不稳定因素，保证学生管理工作的顺利进行。

第二，高职院校教学管理部门和合作企业应根据专业培训计划，以及具体的方法、措施、步骤和实施细则，积极协商、讨论和制定学分置换方案，使学生能够充分理解相关事项，加强自律和管理，确保实习期间相关管理工作的顺利进行。

第三，在学生完成顶岗实习后，要及时置换成课程成绩，给学生的顶岗实习予以充分的肯定，提高学生工作的积极性，从而提高学生管理的效果。

五、辅导员定期走访企业关爱学生

在问卷调查和对学生的采访中，研究人员发现，高校辅导员是学生在校期间接触最多的教师。当学生在学习、生活和工作中遇到问题时，他们会向辅导员寻求帮助。顶岗实习后，学生在工作、生活和心理上或多或少会出现变化。他们需要关心、理解和支持。因此，辅导员和专任教师需要定期走访企业，关心和同情学生的方方面面，帮助解决相关问题，让学生有亲人的感觉，密切师生关系，有利于辅导员对学生的教育和管理，促进校企合作的进一步改善，完成顶岗实习人才培养目标。

平时在学生管理过程中，通过网络社交平台加强与学生的联系和沟通，掌握学生动态，参观学生实习单位，到学生岗位了解学生实习情况，问题和困难，积极帮助学生分析问题、解决困难，真正从各个方面关心学生，缩短与学生之间的距离，建立更加友好的师生关系，促进学生管理工作的顺利开展。

六、顶岗实习管理工作定期研讨

定期邀请部分校企合作单位负责人到学院参加学生岗位实习研讨会，共同交流、沟通学生岗位实习情况，总结岗位实习过程中学生管理的经验和不足，提出相关意见，制定相关策略。研究人员发现，通过定期举办学生管理研讨会，学校和企业可以就学生参与岗位实习进行交流和沟通，企业也可以通过研讨会平台相互交流和学习。通过研讨会，高职院校可以规划与企业开展持续深入的合作，积极构建特色校企合作模式，提高校企合作质量，提高校企合作水平，丰富校企合作内涵，规范校企合作实践，总结学生管理经验，实现人才培养目标。

高职院校应成立校企合作工作委员会，负责联系和维护校企合作单位，组织和协调定期讨论，制定研讨会内容和摘要，认真记录，及时分析问题，总结相关经验，以便今后更好地开展实习期间的学生管理工作。

校企合作单位要积极配合，积极参加定期研讨会，积极在企业内部进行调查，及时发现实习期学生管理问题，分析问题，找出相关影响因素，积极在研讨会上发言，并针对学生管理问题提出相应的管理措施。企业和企业还可以就实习期间需要解决的学生管理问题进行讨论，寻求妥善解决办法，加强实习期间的学生管理。

在高职院校的工作中，学生管理是主要工作之一，其研究的意义和价值是毋庸置疑的。顶岗实习中的学生管理是学校和企业在学生参与岗位实习过程中共同实施的管理行为。这对于巩固和深化校企合作，保证学生顺利完成岗位实习任务，保证学生在岗位实习中的安全稳定，提高人才培养质量，推进职业教育教学改革具有重要意义。

从问卷调查、管理和案例研究的角度得出以下结论：

第一，顶岗实习模式下学生管理存在的主要问题包括整体情况不理想、管理重视不够、管理者管理水平低、管理内容重点不突出、管理模式单一等。

第二，影响实习期间学生管理效果的主要因素包括领导的重视程度，管理团队的素质、能力和管理水平，实习学生的组织形式，企业对学生培养目标的重视程度，学生对实习的态度等。

第三，顶岗实习安全管理主要策略包括积极利用新媒体、实行专人负责制和双向导师负责制、实行学分交换、企业工作室进驻校园、辅导员定期走访企业等，为改善顶岗实习学生管理提供建议和措施。

第七章 高职院校突发事件对策研究

第一节　高职院校突发事件的调研分析

一、高职院校突发事件的主要类型

对高职院校突发事件进行科学有效的分类，有助于高职院校管理者对已经发生或可能发生的突发事件制定相应的应急预案，以便快速有效地应对危机，最小范围内地控制突发事件造成的财物和物质损失及不利影响。根据国内外学者的学术研究，笔者将高职院校突发事件按成因、性质、规模分类列示如下。

（一）按照突发事件的原因分类

1. 自然紧急情况

水旱灾害、城市内涝、气象灾害、地震灾害、生物灾害等自然不可抗力因素引发的突发事件。

2. 人为紧急情况

人为因素造成的紧急情况，如盗窃、自杀、杀人、网络欺诈、打架、性骚扰等。

（二）按照突发事件的性质分类

1. 突发公共卫生事件

主要是传染病、食品卫生等严重影响师生健康和生命安全的事件，如诺如病毒、乙型肝炎、肺结核、腮腺炎等。

2. 政治紧急情况

政治紧急情况的表现形式主要是示威、静坐、示威、罢工等，这在近年来是罕见的。

3. 自然灾害紧急情况

洪水、地震和其他自然现象造成师生伤亡和教学设施损坏的事件。

4. 社会保障突发事件

宿舍和教室被盗、学生被抢、受到威胁等事件。与其他类型的紧急情况相比，这类紧急情况近年来更为常见。

5. 学校管理突发事件

这类突发事件的主要原因是学校内部管理模式存在问题，常见的表现形式有：师生人身伤害、悬挂横幅、高空坠物等异常行为。[1]

（三）按照突发事件的规模分类

根据社会危害程度、影响范围等因素，将自然灾害、事故灾害和公共卫生事件分为特别重大、重大、较大和一般四级。对于高职院校突发事件的分类，上述分类方法不能完全覆盖，因此高职院校突发事件的分类需要进一步细化和完善。有时，由于处理不当等原因，某种类型的突发事件会演变为其他类型的突发事件。

二、高职院校突发事件的案例分析

结合实际工作，列举了高职院校常见的几种突发事件类型，分析了高职院校在应对突发事件中存在的不足，并提出改进建议。

（一）公共卫生类突发事件

案例1：2015年10月，某学院部分师生出现腹泻、发热症状。经学院诊所和卫生防疫部门确认，该事件是由诺沃克病毒感染引起的。接到相关部门通知后，学院立即配合综合办公室、卫生室、学生工作办公室等相关职能部门对事件进行响应。综合办公室对学生食堂、教师食堂、超市等涉及食品安全的区域进行消毒，并配合卫生防疫部门收集食品样本，查明

---

[1] 陈永春，王庆生.高校突发事件应急管理的现实困境与解决路径［J］.浙江理工大学学报（社会科学版），2022，48(02)：238-245.

传染源。学院诊所通过印刷、分发宣传材料和举办讲座,向全校师生普及如何避免诺沃克病毒感染以及如何应对诺沃克病毒感染的相关知识。学校工作部组织辅导员对班内出现腹泻、发热等临床现象的学生进行检查统计,及时通知学生家长带领患病学生就医。同时,在学生宿舍内设置隔离区。诺沃克病毒暴发约10天后,情况已得到控制,大多数患病学生可以返回学校继续正常学习活动。

早在2015年6月,毗邻某学院的学校在师生中曾出现大规模腹泻和发烧,怀疑是诺沃克病毒引起的。但由于与周边高校缺乏联系,这一情况并未引起相关人员的重视。如果学校与周边高校建立联动机制,实现信息交流与共享,就有可能避免诺沃克病毒在学校的传播。同时,卫生防疫部门在学校食品样本采集环节存在食品样本保存不及时、不规范的现象,导致卫生防疫部门无法及时采集有效的食品样本,未能及时找到感染源。卫生防疫部门对学校提出整改措施后,学校认真配合落实。

从这个案例可以得出结论,高职院校应该与周边院校形成大学联盟等联合组织,实现信息交流与共享。当学校发生紧急情况时,其他学校应提供相应的支持和帮助,并结合紧急情况形成适合本校的响应机制,以防止类似情况在本校发生。同时,高职院校还必须完善学校管理制度,特别是对学校内租用场所和窗口的企业和个人进行严格管理,制定并实施详细的管理制度,防止因管理漏洞等原因造成的突发事件。

案例2:2019年冬天,某学院的一个班级有近一半的学生出现腮腺肿胀等症状,并蔓延到整个学校。学校卫生部门证实,这种现象是流行性腮腺炎的爆发。根据已制定的相关应急预案,学校要求综合办公室配合各教学部门对班级教室和学生宿舍进行消毒。同时,学工处协调空余宿舍隔离有腮腺炎症状的学生,通知有腮腺炎症状学生的家长带领学生外出就医,病情痊愈后返回学校。

据了解,在学校流行性腮腺炎暴发前夕,个别学生因疼痛、腮腺肿大等原因请假就医,但个别辅导员以学生不能离校为由拒绝学生外出就医,导致学生间流行性腮腺炎相互感染，导致此次大规模流行性腮腺炎事件的发生。这起案件反映了一些学校工作人员对学生缺乏关心，对流行性传染病的临床表现缺乏了解，以及在事件的初始阶段无法确定疾病的类型和严重程度。作为高职院校的教师和工作者，尤其是与学生工作有关的教师和工作者，在与学生交流的过程中，不仅要关注学生的学业成绩，还要关注学生在衣食住行方面的需求。只有从生活出发，了解学生的需求，才能更好地为学生解决问题。同时，高职院校的教师应了解常见疾病，尤其是传染病的临床表现。学校卫生部门应定期对教师进行相关知识培训，尤其是在季节性疾病高发的前夕，以避免疾病的发生或限制疾病的传播。该疾病传播范围扩大的原因之一是学校没有在季节性疾病易发季节之前为师生提供相关知识培训，也没有得到师生的重视。但学校有相应的应急预案，并根据制定的应急预案迅速应对传染病的特点，如控制传染源等措施，进一步缩小疫情传播范围。

（二）安全事故类突发事件

案例3：2019年春天的某天中午，某学院的实训室发生火灾。在火灾初期没有人发现，直到一些实训设备被点燃并产生浓烟，同一楼层的老师们才发现了火情，通知医院并报告了消防部门。大火很快被扑灭，没有人员伤亡。

经调查，起火原因是实训室设备蓄电池老化导致短路。由于火灾现场位于大楼顶层，平时没有专人值班和定期维护，培训室也没有配备监控、烟雾报警和自动灭火装置，导致火灾进一步蔓延。火灾发生后，学校在实训室和存在火灾隐患的地方安装了烟雾报警器，以避免类似事件。

从这起火灾事件中不难看出，高职院校对学校的安全隐患，尤其是实训室的规划和管理还没有深入了解。一是监控、烟雾报警和自动灭火装置没有作为培训室验收的必要条件；二是没有准确判断放置在培训室的培训设备是否存在安全隐患；三是培训室缺乏有效的管理制度，培训室设备没有明确的定期维护责任人，容易造成培训设备老化，引发火灾、危险化学品泄漏等突发事件。因此，建立健全基础设施和设备验收制度、保存培训室使用记录、配备专家管理公共培训室等措施，可以有效避免此类突发事件的发生。

（三）社会治安类突发事件

案例4：2018年夏季，某学院的A和几个同学在未参加学校正常晚自习的情况下去校外喝酒，酒后与邻桌同为该校的学生B发生口角，A及其同学对B进行挑衅并发生肢体冲突，再经酒店老板劝解后B离开酒店，但B心中觉得被欺负不服气，于是打电话联系社会人员在校门口对A一行人进行堵截。待A一行人吃完饭后回学校时，被B及其所联系的社会人员在校门口外拦截并发生群殴事件，A被打得倒地不起，学校安保人员发现后第一时间通知值班人员拉架劝阻并报警，B被安保人员控制，其他社会人员逃离现场。此次斗殴造成A脊髓积液，治疗费用需要数万元，校方临时为A垫付了两天的治疗费用。第二天通过查询监控录像，确定造成A伤情的是B及其所召集的社会人员用钢管所致，校方第一时间控制B并联合公安机关要求参与斗殴的人员全部到场进行处理。

经校方调解，A家长同意不立案，B及其他参与斗殴人员赔付A治疗所需医疗费用以及营养费、误工费、精神损失费等多种费用10万元。同时因A及其同学和B都违反学校《学生手册》中的规定，学院方面对参与斗殴的A和B做出"留校察看"处分，对其他参与此事的学生做出"记过"处分。

打架事件反映出学校在学生管理方面存在一些失误，学生管理水平有待提高。因为晚自习没有老师监督，课堂对学生的约束力就会降低。此外，学校地处城乡接合部，夜间人员混杂，学生外出发生事故的概率增加，因此，负责学生管理的教职员工应该更加重视学生夜间活动的监控，以确保学生不会发生事故。例如，目前许多高校通过校园一卡通、人脸识别门禁、位置打卡等新技术了解学生的动向，可以在一定程度上降低校外事故发生的概率。另一方面，学校可以通过监控迅速确定事件的参与者，并配合公安机关对社会参与者施加压力，以加快事件的处理。通过调解减少冲突造成的不良社会影响。同时，根据《学生手册》的相关要求，对违反学校规章制度的学生进行处理，使他们意识到错误，并警告其他学生。

案例5：2019年6月28日中午，某学院学生C某在复习周期间向其辅导员请假去医院拔牙，并于当晚和同宿舍同学外出喝酒，在酒后回宿舍的途中，C某突然扑向从其身边经过的学院安保人员，咬住其衣服不松口，随后在其他安保人员的帮助下，将C某制服，并通过其辅导员联系到C某家长。当晚C某在其家长的陪同下去医院做检查，C某清醒后并不记得之前发生的事情。

经医生介绍，C某在中午拔牙时注射了麻醉剂，麻醉剂的作用在晚上并没有完全消失，酒精和麻醉剂相互作用产生致幻反应才出现撕咬等非正常行为。

通过这次事件，一方面反映了当今学生缺乏一些基本的生活知识，比如麻醉剂和酒精引起的不良反应。因此，学校可以通过开设相关的选修课和讲座，向学生普及生活常识，提高学生的自我保护能力。另一方面，也反映出辅导员对学生生活的关注不够，在得知学生需要拔牙后，他们应该在批假时向学生介绍一些基本的预防措施，确认学生拔牙后是否回到同学身边，同时告诉他们注意休息。因此，加强高职院校教师职业道德教育也是减少高职院校突发事件发生的有效途径之一。

（四）学校管理类突发事件

案例6：2017年12月某日晚间，某学院大三学生Z某在学校超市买完东西后，出超市时不小心踩到超市门口的送货斜坡上，由于斜坡是瓷砖表面，再加上雪后湿滑导致Z某摔倒，摔倒后Z某无法站立，同行的同学电话联系其辅导员老师，辅导员了解情况后，首先确认Z某能否站立，得知无法站立后马上让同行学生对事发地点进行拍照留证，随后辅导员将大体状况告知值班老师并拨打120将受伤的Z某送至医院检查。当晚，Z某的辅导员老师驱车赶往Z某所在医院，经与医生交流，得知Z某的右脚踝外侧和右侧小腿腓骨上端因摔伤导致粉碎性骨折，需在消肿后手术。辅导员老师在了解情况后马上联系Z某家长，告知其学生状况，并约定次日下午在医院见面商量处理事宜。

次日上午，Z某的辅导员在上班后将昨天晚上Z某发生意外的经过连同图像证据一同汇报给学院领导，学院领导高度重视，马上向超市方面落实情况，但是超市方面已经将送货的斜坡拆除改成楼梯，并矢口否认送货斜坡存在的事实，当校方把拍摄的证据给超市负责人呈现时，该负责人才承认昨晚发生的事情。学院领导经由Z某辅导员处了解到Z某家庭经济条件比较困难，Z某父亲在前一阵子查出肺癌也需要大量资金进行治疗，此次治疗骨折高昂的手术费用，对于Z某的家庭来说无疑是雪上加霜，学生医保无法报销钢钉等手术耗材，学校方面马上启用应急资金向Z某提供5000元的资助，并同意其辅导员在班级内部发起募捐活动，同时学校领导积极与超市方面沟通此事的赔偿事宜。

次日下午，Z某的辅导员将学院资助的5000元现金和班级募捐的5000元现金，共计10000元现金交至Z某家长处，先预支付一部分的住院治疗费用，并与家长说明学院的处理方式以及后续的相应措施，同时辅导员通过沟通了解Z某家长的想法，并将Z某家长想法与学院领导汇报，在得到学院领导和学生家长双方的同意后，与Z某家长达成书面协议代理其出面与超市方面协调赔偿事宜。

在学校领导的帮助下，Z某的辅导员与超市方面协调赔偿20000元的赔偿款，由于临近放假，学生家长同意在学生出院后再把赔偿款交至Z某手里。放假后，学校领导、超市负责人和Z某的辅导员一起到Z某家中将20000元赔偿款和营养品送至Z某手中，期间学校领导看到Z某的家庭生活条件的确十分艰苦，在返程途中决定再以学院的名义向Z某提供5000元的资助，并要求Z某的辅导员时刻关注其伤情并对其进行安抚工作，有任何需求及时向学院方面反映。事后，学校对超市做出警告，并要求超市方面对事发地点及所涉及区域内的安全隐患进行彻底排查。

在此次突发事件中，Z某的辅导员要求Z某同行学生对事发现场进行拍照留证的做法保护了Z某的合法权益不受侵犯，与Z某家长达成书面协议的做法保护了自己的合法权益。学校领导两次动用学院应急资金对Z某进行资助的行为，体现了该校以学生为中心的管理态度，也能反映出该校具备相关的应急预案，并能有效实施。学院领导要求辅导员关注Z某伤情并对其进行安抚工作的做法，体现了学院在突发事件发生后注重受害人的身心恢复工作。通过这次突发事件也暴露出校方在对入驻学院企业的安全监管程度不足的问题，所以在管理入驻学校企业方面应当有明确责任人对企业进行安全生产等方面进行定期考核，对存在安全隐患的地方应责令企业限期整改，以减少类似突发事件的发生。

（五）其他种类的突发事件

案例 7：2018 年 9 月某日下午 6 时左右，某学院大三学生 L 某被同宿舍的同学发现躺在宿舍床上无反应，经查证，L 某已死亡。L 某的辅导员在得知此消息后第一时间赶往事发现场，并通知学院相关部门，学校方面则对事发现场进行封锁保护，同时向 L 某同宿舍的学生了解情况。

经了解，L 某正是大三实习期间，没有任何课程安排，此次返校是正常的学期初返校，近日正准备到实习单位实习。事发当日中午午饭时间 L 某向同学表明自己身体不舒服，有头晕、浑身乏力的症状，不想去吃饭，要在宿舍休息。L 某的同学在就餐完毕后就去学校周边逛街并未回宿舍，当逛完街后回到宿舍发现 L 某已经死亡。

公安机关在勘察事故发现场后未发现任何他杀和自杀的线索，L 某家长在到达学校以后情绪十分激动，认为校方应该负全部责任，但是由于找不到任何线索，经与学生家长方面协商，其家长同意进行尸检。在尸检过程中，法医发现 L 某随身携带了"胰岛素泵"，在尸检时"胰岛素泵"仍在工作中，在血样化验中，发现 L 某血液中胰岛素含量过高，所以法医认定 L 某的死亡原因是血液中胰岛素含量过高，导致低血糖，从而造成死亡。

L 某辅导员表示，并不了解该同学患有糖尿病，L 某在就读期间本人和家长也未曾告知辅导员 L 某的病史，L 某的同学也不了解其患有糖尿病这一事实。经查阅 L 某入校时的体检报告，确认该生在既往病史一栏填写的"无"，以及 L 某的辅导员在该生在校期间的谈话记录都未曾体现该生告知其患有糖尿病的事实。但是 L 某家长认为孩子在学校范围内发生死亡，学校就有责任应当赔偿。因责任问题，双方咨询律师，律师方面表示，L 某及其家长向学校方面隐瞒 L 某患有糖尿病的事实，从法律层面上讲，学校是不具有法律责任的。最后双方经过协商，学校方面同意向 L 某家庭提供一定的补偿金。

在此次突发事件中，学校方面保留学生入学的体检报告，L 某的辅导员保留与 L 某的谈话记录都为 L 某及其家长向学校方面隐瞒 L 某患有糖尿病的事实提供了佐证材料，保证了学校及辅导员的权益不受侵犯。虽然律师证明了本次突发事件学院方面不存在任何责任，但是也反映出学校及辅导员对学生的摸底排查程度不够，没有充分了解每个学生的基本情况，没有对个别学生进行重点关注，导致悲剧发生。所以，在学生入校初期，对每个学生进行基本情况的摸底排查，特别是在既往病史和家族病史等涉及学生自身健康情况的方面应该着重注意，在保证学生隐私的前提下，对排查结果进行留档保存，不仅能减少此类突发事件的发生，而且能在类似事件发生时保证学校及教职工的合法权益。

值得一提的是，此次突发事件发生初期，有些听到消息的学生通过某些渠道发布一些与此事件相关的言论，但是因为当时L某的死因未对外公布，所以这些学生的部分言论涉及"自杀""他杀"等字眼，导致部分师生产生恐慌心理。虽然校方通过种种途径找到发帖人，并要求其删除了相关言论，但是发布的不实言论已经造成不良影响，虽然影响范围有限，再加上校方迟迟没有公布事件的调查结果，还是导致师生的恐慌心理持续的一段时间。所以，高职院校在舆论的控制方面，当把握好分寸，对突发事件不可"密不透风"不做解释，适时适度地向师生及社会公布事件真实情况，做好舆论引导，及时发现不实言论，给予反驳，澄清事实。

案例8：2019年11月27日下午3时许，某学院大一学生G某的同学联系其辅导员说G某在网上购买农药（草甘膦异丙胺盐，俗称百草枯），并私自藏在橱柜中。为保护G某安全，辅导员安排其舍友轮流看护她。辅导员在赶往学生宿舍途中，与G某家长取得联系并告知情况，要求G某家长马上赶往学校。为了不引起G某注意，其辅导员与宿舍管理员沟通，以查违禁用品的名义取出农药。被查到后，G某称，农药是给老家购买的，但是邮寄错了地址。为不引起G某怀疑，辅导员与G某同学一直安慰G某不要担心学校方面会因为违禁物品给予G某处分，直至当晚九点左右，G某父母赶到学校。G某的辅导员先与其家长沟通大致情况，随后在辅导员的陪同下与G某见面。

经了解，G某购买农药的原因是怀疑其同宿舍女生在背后说其坏话诋毁她，一时冲动购买了农药，但经调查，并不存在G某同宿舍女生背后说其坏话的情况。在安抚好G某的情绪后，辅导员要求G某的家长将孩子接回家，并提出让G某去咨询心理医生，在学生家长没有异议的情况下，将该生于晚上十一时带离学校。

事后，辅导员通过与G某家长沟通中了解到，G某在初中时期曾患有抑郁症，该生家长认为抑郁症并不是很严重的疾病，所以并未让 G 某接受系统治疗。在上大学以后因为种种原因不能很好地处理与同学之间的关系，萌发了退学的念头。加之误认为同学在背后说坏话，就导致了购买农药的情况发生。辅导员向 G 某家长强调抑郁症的严重性后，建议其带 G 某到医院进行检查，并要求在医院出具相关证明后才能返校学习。

在此次突发事件中，辅导员的做法既保证了 G 某的安全，又保证了其隐私。同时也反映出学校在学生管理方面并没有能形成"学校""学生""家庭"三方的联动机制，学校不了解学生家庭情况，学生家长不了解学生在校的表现，"学校"和"家庭"两方不能通过"学生"作为纽带联系起来，从而增加学校方面了解学生因家庭环境等原因造成的心理问题的难度，某种程度上会增加校园突发事件的发生概率。所以建立"学校""学生""家庭"三方联动机制是降低高职院校发生突发事件概率的有效途径之一。

基于以上案例，不难看出高职院校在应对突发事件时通常存在以下问题：第一，学校之间的信息共享程度较低；第二，缺乏针对性的应急预案；第三，教师职业道德有待加强，师生比例不合理；第四，学生素质低，行为冲动，不考虑后果；第五，学校、学生和家庭三方需要加强联动。

三、国外校园危机管理经验借鉴

（一）美国校园安全危机管理策略
1. 美国政府高度重视校园危机管理

美国的大多数社会问题，如枪支泛滥、种族歧视和吸毒等，都不同程度地出现在美国高校中，这已成为美国高校安全危机的根源。自 20 世纪 70 年代末以来，美国政府高度重视校园安全危机管理，采取法律手段，建立了先进完整的安全危机管理体系，包括完整的危机应对计划、高效的核心协调机构、全面的危机应对网络和成熟的社会应对能力。

美国政府成立了专门的公共危机管理机构。美国已将联邦应急管理局（Federal Emergency Management Agency）确立为公共危机管理的最高权力机构，其主要职责是尽可能减少公共安全危机事件的发生，最大限度地减少各种不可抗力灾害造成的损失,领导和协调美国危机管理体系的调整,组织安全危机的预防、缓解、应对和恢复。学校作为安全危机事件的高发区,是美国公共安全危机管理体系的重要组成部分。联邦应急管理局和州教育部门联合制定了应对校园安全危机的行动指南。美国各州、县、学区/学校也建立了相应的安全危机管理机构,形成了联邦政府、州、学区/学校四级垂直管理体系,充分发挥了政府在校园安全危机管理中的职能。此外,在应对危机事件时,美国红十字会和志愿者等非营利公益组织也应承担相应的责任。简而言之,美国的校园危机管理机构不仅仅包括学校。各级政府、社区和公益组织都应该承担相应的责任,可以集中各种力量,提高应对危机的效率,尽可能减少危机造成的损失。

2. 美国校园安全危机管理的利弊分析

美国校园安全危机管理除了受到政府的高度重视外,还具有责任明确、资源整合、方法创新等特点。首先,明确责任。联邦政府、州、县、社区/学校和公共福利组织在处理安全危机方面的责任由立法规定。例如,当校园安全危机发生时,周边社区有义务在第一时间参与危机处置;红十字会必须承担住宿和人文关怀服务;学校必须为各种危机制定应急计划和演习。97.1%的美国学校已经制定了危机计划,只有2.9%的学校由于各种原因没有制定计划。其次,在预防和应对校园安全危机时,美国学校不仅积极发挥政府和公益组织的作用,而且善于动员市政局、警察、消防组织、卫生组织、志愿者组织、教会组织和社区学生家长的力量,有效整合各种资源,提高危机预防和处置效果。最后,创新方法。美国学校将应急指挥系统纳入校园安全危机管理,不仅可以整合各部门的危机计划和资源,还可以统一各部门的组织结构和操作程序,将学校与其他救援部门紧密联系起来,提高突发事件的处理效率。

(二)日本校园安全危机管理策略

1. 日本政府重视校园安全危机的教育与立法工作

由于地理环境等因素的影响,日本一直是一个灾害频发的国家。台风、火山爆发、地震和海啸等自然灾害的发生频率远高于其他国家。不仅如此,日本校园霸凌现象严重,经常导致暴力冲突;此外,学生因受辱、憎恨考试、不良行为和心理问题而纵火、损坏学校设备等,对日本学校的安全构成极大威胁。

由于自然灾害频繁发生,损失严重,日本政府高度重视社会化危机宣传教育,将每年的9月1日定为日本的防灾日。日本首相兼内阁官房长官将参加全国范围内的大规模防灾演习。因为日本在全国范围内普及了危机教育，特别是防灾抗灾的心理预期和应对，有效地提高了日本民众的安全危机意识。日本危机教育最明显的特点是，它非常重视学校的危机教育，帮助日本人从小培养危机意识，保持高度警惕。日本大多数地方政府的教育行政主管部门都编制了《危机管理与应对手册》《防灾教育指导材料》等宣传材料或教材，帮助、监督和指导辖区内各类学校开展安全危机教育。正是因为日本的国民危机教育提高了人们的危机防范意识，所以在发生自然灾害时，日本人民能够保持冷静理性，有序地进行自救或互救，冷静有效地应对危机，最大限度地减少灾害造成的损失。

针对校园欺凌现象严重的现状，日本政府专门制定了《预防校园欺凌对策促进法》，明确提出了针对校园欺凌要早发现、早应对；它规定了校园欺凌的范围，不仅包括暴力攻击等显性行为，还包括漠视、歧视、网络欺凌等隐性行为，以最大限度地保护被欺凌学生的利益，尤其是他们的心理和精神权益；明确政府、社会组织、社区、家庭、警察、志愿者组织等相关方的职责，构建"五位一体"的校园欺凌综合治理体系；确立了对校园欺凌行为"零容忍"的态度。根据欺凌行为，应对欺凌负责的人判处伤害、猥亵、恐吓和诽谤等罪行；它规定了国家和公共组织投资的义务，并设立了学生道德教育、体验活动、校园欺凌应对人员培训和校园欺凌学术研究的专项费用。

2. 日本应对以欺凌为主的校园暴力的经验

欺凌和其他形式的校园暴力曾经是日本学校的普遍现象。一些学生因为受不了欺凌而自杀。例如，1995年大汉清辉"欺凌自杀"事件严重影响了日本学校的正常秩序，成为日本教育的顽疾。除了上述政府立法外，日本社会全面实施各种形式的欺凌可以总结为以下经验：第一，提高学生的基本认识和教育指导方法。在校长的领导下，明确各类教职员工解决欺凌问题的责任分担，加强对学生的道德教育和体验活动，帮助学生认识到欺凌他人是不道德甚至违法的。第二，引导被欺负和被羞辱的学生。实施暴力、恐吓和其他欺凌犯罪行为的学生将被停学，并寻求警方干预。在此期间，学校应教育此类学生；对于受欺负的学生，与家长合作进行心理咨询，允许他们停课以避免风险，或更换座位、上课，甚至转学到其他学校。第三，学校、家庭和地方组织之间合作。学校充分利用当地各种资源，积极引导不关心学生教育的家庭参与学生的教育宣传活动；组织各种社会、生活、自然体验活动和体育活动，帮助学生建立良好的人际关系。

此外，日本学校采取了多种方法来控制网络欺凌行为，主要包括及时消除网络欺凌内容，及时处理连锁群发邮件，注意学生手机的使用，进行网络检查，聘请专业网络公司监控学校的网站，实施防止网络欺凌的教学计划，调查网络欺凌者的法律责任，面对老师、家长和学生开设网络道德讲座等。

（三）国外经验对我国高职院校校园安全危机管理的借鉴价值

高等职业教育作为我国高等教育的一种类型，虽然具有高等性和专业性的双重属性，但它本质上是从属于教育的，具有教育的普遍性。因此，国外校园安全危机管理具有成熟的教育普遍性经验，尤其是立法、资金投入、社会化网络组织和应急机制等宏观层面的经验，正是国内校园安全危机管理的薄弱环节。"他山之石可攻玉"，在探索校园安全危机管理的有效路径时，国内有关方面可以借鉴和吸收国外的成熟经验，避免走弯路，达到事半功倍的效果。由于高等职业教育的双重属性和学生的多样性，与基础教育、中等职业教育和本科教育等其他类型的学校相比，高职院校的校园安全危机管理更加复杂。仅靠自身力量难以从根本上解决问题。因此，我们应该更加重视学习、借鉴和吸收国外的成熟经验。

美国学校对校园安全危机的管理是以国家安全管理政策为基础的。根据新时期美国校园安全危机的发展趋势和特点，美国学校可以为各类学校制定危机应对计划、应对策略和行动指南，包括危机前的预防、危机发生时的及时处置和危机后的恢复，并充分调动校外力量参与危机处理，这是一种规范化、系统化的管理模式，能够达到预防和应对校园安全危机的目的。这些方面是我国高职院校安全危机管理的薄弱环节，也是最值得学习和借鉴的方面。我国高职院校的安全危机管理往往依赖于学校的孤军奋战。毕竟，学校的资源和实力是有限的。一旦处理不好，就会受到各方面的谴责。事实上，高职院校校园安全危机的根源并不完全在学校。即使学校全力以赴，也无法彻底消除安全危机的根源。因此，国家有必要出台有关校园安全危机管理的法律法规。同时，高职院校还应加强校园安全危机管理的制度化和规范化，切实提高安全危机管理的能力和水平，承担安全危机管理的主要责任。

日本危机教育的普及和社会化，尤其是日本学校的危机教育，对提高日本学生和民众的危机意识，提高危机防范能力起到了重要作用。这也是中国高职院校关注的焦点。高职院校普遍重视教育教学，注重培养学生的思想道德素质和技能，特别注重学生参与技能竞赛和就业。学生技能竞赛一旦获得国家级奖项，将给学校带来巨大的声誉，也是学校办学实力和办学水平的重要体现。学生的高就业率和高就业质量也可以说明学校有良好的办学效果，有利于招生。然而，高职院校校园安全危机的发生率较高。一旦发生重大安全危机，学校应该全力以赴，其他工作也会受到影响。因此，安全管理工作也是关系学校整体发展的大事。高职院校必须统筹规划，加强对学生的安全教育，切实提高学生的安全意识和危机应对能力。

近年来，许多高职院校发生了重大安全危机事件，这表明高职院校有必要加强安全危机管理。然而，新中国高等职业教育起步较晚，安全危机管理起步较晚，高职院校管理经验、管理水平和管理能力不足。借鉴国内外成熟经验，结合高职院校实际，将国内外经验本土化，逐步建立、调整和完善具有高职院校特色的校园安全危机管理机制，努力提高管理能力和水平，这是高职院校校园安全危机管理的必由之路。

第二节　高职院校突发事件的成因分析

作为一个人员高度密集的场所，学校工作人员的素质和意识参差不齐。此外，大多数高职院校位于城乡接合部，人员流动性大，社会保障相对较差。与此同时，高职院校在应对突发事件方面也存在很大的缺陷。高职院校在应对突发事件时，经常暴露出资金分配不均、管理观念落后的问题；社会环境复杂，安全隐患多，风险高；学生素质参差不齐，缺乏良好的自我保护意识；学生监督不灵活，部分教师职业道德缺失；沟通不畅，言语不实。这些问题大多是"隐性危机"，随着时间的推移，"隐性危机"不断累积，最终演变为"显性危机"。

通过分析高职院校在应对突发事件中暴露出的问题，将高职院校突发事件的成因分为以下几个方面。

一、由外部因素引起的突发事件

（一）国际形势变化导致的事件

随着经济全球化和世界多极化的进一步发展，各国文化交流不断深化，文化全球化的形势越来越明显。尽管中国与西方国家的经济合作越来越紧密，但由于中国与其他国家在社会制度和意识形态上的明显差异，以及一些高职学生缺乏坚定的思想意识，一些西方国家通过互联网，打着自由民主的旗帜冲击了中国传统的思想道德体系。这种文化渗透的方式已经导致了一些学生的意识形态偏差。如今，拜金主义、享乐主义、物质至上的自身利益高于群体利益的心理在大学生中尤为常见。例如，现在许多学生在进入大学校园后，就开始强调物质生活而忽视精神生活，甚至一些学生会在他人金钱的诱惑下，实施对学校周围的敏感设施拍照、录像和其他非法行为。这些行为将对学生和学校产生极其恶劣的影响，严重时甚至会影响国家安全。

（二）周边复杂环境导致的事件

目前，大多数高职院校采用开放式办学模式，使学校与社会的联系更加紧密。教育部、国家体育总局鼓励公立学校要积极创造条件，向社会开放体育场馆。虽然这给社会带来了巨大的利益，但也会给学校带来一定的安全隐患。例如，社会人员随意进出学校导致的学校盗窃事件增加，以及校外人员对正常教学的影响。

近年来，高校因规模扩大而向城乡接合部转移，相邻高校之间形成了一定规模的商业街区，而城乡接合部往往是流动人口多、治安环境差的地区。此外，随着中国经济的不断发展，学生的消费能力也得到了很大的提高。许多企业为了从学生那里获得更多利润，在校园周围开设了越来越多的休闲娱乐场所，如小酒店、酒吧、KTV、网吧等。由于监管不力，这些场所往往容易发生学生之间或学生与社会人员之间的冲突。它们也是吸毒、卖淫和嫖娼等非法行为的高发地。

（三）复杂社会因素导致的事件

高职院校多为技术类院校，虽然专业方向大，但是学术范围相对狭窄；高职院校的录取分数低于本科院校，学生综合素质普遍较差，家长素质参差不齐。许多报考高职院校的学生家庭都从事与学院办学方向有关的工作，他们之间的社会关系复杂。许多学生家长之所以让孩子上高职，是因为他们有"继承父业"的心态，不在乎孩子是否能学到真正的技能，只在乎孩子在学校里不被欺负。因此有许多突发事件是由学生绕过学校的正常处理过程，通过父母利用复杂的社会关系造成的。

（四）学生家庭教育导致的事件

学生成绩不佳的原因之一是缺乏家庭教育。部分高职院校学生家长存在过度溺爱、家庭暴力、错误的教育方式等现象，导致学生无法适应大学生活，或在摆脱家庭约束后，因家庭原因引发的人格扭曲爆发。这些都是校园突发事件的隐患。

二、由内部因素引起的突发事件

（一）校园管理工作不当导致的事件

虽然高职院校突发事件时有发生，但尚未引起高职院校管理部门的足够重视，最直接的表现就是高职院校没有把应急管理提到议事日程上来。日常预警和预防、讲座和培训、安全演习和其他应对紧急情况的工作存在严重不足，一些高职院校甚至从未做过应对突发事件的相关工作。一旦遇到紧急情况，管理部门通常只能临时做出响应，但由于师生缺乏相应的响应知识，往往会造成严重的生命财产损失。

从全国范围来看，高职院校的教学重点往往是培养学生的实践能力。教师和学生在职业道德教育、人格美德教育和安全防范教育方面的培训相对薄弱，缺乏相关的危机预防和应对培训，更不用说危机实践了。纵观高职院校发生的突发事件，事后基本采取了相应的措施。事实上，许多紧急情况可以提前预防和避免。因此，开展系统的应急响应培训非常重要，它可以有效地防止突发事件的发生。即使不能预防突发事件的发生，也能在一定程度上减少突发事件的不利影响。

高职院校管理部门不重视应急管理的原因之一是危机意识淡薄。危机意识淡薄必然导致教师、学生和员工缺乏必要的危机应对能力。如何提高应对突发事件的能力是一项复杂的工作，它不仅需要系统的知识结构，还需要教师和学生在日常生活中不断提高和积累经验。目前，很少有高职院校开设了应对突发事件的相关课程，因此开设应对突发事件的相关课程或讲座迫在眉睫。开展应急模拟演练也十分必要。模拟演练可以培养参与者的独立判断能力，提高他们的适应性，减少受伤的可能性。以日本为例，日本地处地震带，地震灾害频繁发生，但其全国各地的防震演习和相关课程都非常成熟，当地震来临时，大多数日本人都能理性地面对并正确地应对，减少了许多人和财产的损失。

（二）应急预防机制缺失导致的事件

由于高职院校管理工作中缺乏应对突发事件的经验，日常管理工作中的危机意识相对薄弱，没有完善的应急管理和防范机制，也缺乏重要的物资储备。这样，当紧急情况发生时，极易造成二次伤害。

大多数高职院校缺乏根据本校特点和周边环境制定的应急管理机制，更谈不上建立一套集社会、媒体、学校、学生、学生家庭于一体的应急联动机制。类似于生物体内的不同元素与细胞的关系，以及整个社会与生物体的关系，为了让生物体正常生存，细胞必须相互配合，和谐共存。同时，生物体也需要及时调整自身环境与外部环境之间的物质和信息交换，以实现健康生长。因此，多元整合的联动机制有利于平衡各要素的相互需求，降低高职院校突发事件发生的概率。

另一方面，我国还没有颁布有关高职院校突发事件的法律法规。高职院校发生突发事件时，学校可以依据的法律法规主要包括《中华人民共和国突发公共卫生事件应急条例》《学校食堂与学生集体用餐卫生管理规定》《食物中毒事故处理办法》《学生伤害事故处理办法》等。但在制定上述法律法规的过程中，基本没有师生的参与，在高职院校的突发事件中不能很好地应用。因此，在高职院校发生突发事件时，缺乏专门的法律法规作为依据。根据上述法律法规处理突发事件时，往往存在条款单一、不可操作等问题，针对高职院校突发事件制定专门的法律法规，可以大大提高高职院校应对突发事件的效率和质量，并能有效地起到警示作用。

（三）高职院校教师原因导致的事件

高职院校的办学质量在一定程度上取决于教师的思想道德修养和业务素质。然而，当前，不仅高职院校教师素质有待提高，整个高等教育领域教师的思想道德修养和业务素质也有待提高。由于高职院校扩招政策和学费的增加，公众越来越关注当前教育体系中存在的问题，教育体系中的教师也越来越受到公众的关注。由于缺乏职业认同，许多教师从追求科研成果转向追求经济利益。与综合性院校相比，高职院校在科研方面的压力较小。因此，高职院校教师，尤其是一些专业性较强的教师，为了谋取更多的经济利益，往往依靠自己的职业资格证书来谋取利益，这为学校突发事件的发生埋下了隐患。例如，该教师将注册消防工程师证书附于该企业，但没有履行注册消防工程师的职责，没有对该企业的消防设施检查和消防安全监测做出正确评估。如果企业在消防方面出现问题，必须追究教师的责任，届时司法部门不仅可以对教师的个人问题做出裁决，还可以对教师所在的学校发出警告，这势必对学校产生负面影响。

就高职院校而言，在教师工作层面上，还缺乏真正以学生为中心的服务理念。

为学生服务的工作目的往往停留在表面上，他们对学生的服务意识不足，服务质量低下，缺乏对学生的尊重和关爱。同时，学校与学生之间的沟通方式流于形式，学校不能很好地了解学生的愿望和要求，学生关心的关键问题也得不到有效解决。高职院校的教师，尤其是辅导员，在管理学生时往往面临巨大的压力。高职院校学生普遍存在自律性差、思维不成熟、工作冲动等问题，容易引发各种突发事件。作为管理学生的辅导员，当学生出现问题时，必然会出现心理紧张等现象。长期过度的精神紧张会导致许多亚健康症状，因此，一些教师会出现神经衰弱等临床表现。教师的不良状态会对学生产生反应，对学生群体造成不良影响，进而影响学生学习的积极性和乐观的生活态度。随着时间的推移，师生之间"负能量"的相互传播和影响无法及时解决，这也是高职院校突发事件的隐患之一。

随着高职院校教育规模的不断扩大，教育投资的增长速度滞后于高职院校教育规模的扩大速度，导致教育资源严重短缺。我国高校招生规模不断扩大，高等教育水平逐年提高。然而，与普通本科院校相比，高职院校的教育投入严重不足。随着各高校新校区建设的普遍开展，新校区建设项目的启动使学校资金更加紧张，导致基础设施和办学条件的资金投入总体不足。因此，高校只能向国家申请巨额贷款，早在2009年，教育部就首次将"开展化解高校债务风险工作"列为国家工作重点之一。可见，这一问题已引起国家和社会的高度重视。

由于扩招等原因造成资金短缺，先进的教学资源无法引进，教学资源滞后，无法满足学生对优质教育的需求。例如，专业培训室的数量不能满足所有学生的教学需求，因此我们只能减少学生的培训数量，将培训转化为课堂教学，这种情况可能会引起一些学生的不满。如果学校不能及时解决问题并给出满意的答复，这将导致这些学生的不满和冲突激增。

（四）高职院校学生原因导致的事件

作为高职院校预防突发事件的主要对象，高职院校对学生的关注，尤其是对"特殊学生"的关注尤为重要。从负责学生管理的学校领导到一线辅导员，对"特殊学生"的关注应该是常规工作。高职院校突发事件发生的原因有学校、社会等原因，但更多的是学生引发的突发事件，如校园斗殴、酗酒、校园欺凌、自残等。

随着学生自我意识和维权意识的形成以及互联网技术的发展，学生通过各种渠道表达内心需求的频率越来越高，包括错误认知导致的错误需求。在高职学生中，由错误认知引起的错误行为主要体现在以下几个方面：

1. 自主意识与依赖性并存的矛盾

高中毕业生进入高职院校校园后，很多孩子第一次远离父母，不适应学校的管理模式，不适应从被动的高中管理向独立的高职院校管理的转变。学校实行自主管理模式，学生的自主性和独立性萌芽。许多学生希望在课堂、社团和学生活动中表达自己，并得到老师和学生的关注。然而，由于学生并非真正独立，他们在经济和生活的某些方面仍然依赖父母和老师，缺乏人际交往技能和经验，因此可能无法达到学生自己的预期结果或导致一些不良结果。此外，由于学生自我意识的启动，当遇到挫折时，他们往往认为自己能处理好，不愿意向老师或家长寻求帮助。随着时间的推移，如果他们的情绪得不到宣泄，势必会给学生的心理带来一些负面情绪。教师应正确引导学生消除负面情绪，减少学生负面情绪引发的突发事件。

2. 自我封闭与思想、情感交流并存的矛盾

高职院校的在校生很早就接触到了手机、电脑和其他电子产品。与集体活动相比，他们更倾向于通过玩游戏、观看直播和在线聊天来表达自己的内心感受。他们不与外界沟通，生活在自己的小世界里。此外，当学生从高中进入大学校园时，随着心理年龄的增长、知识储备的增加和丰富的生活经验，一些学生希望向他人表达自己的想法，希望被他人认可。然而，由于之前思想和情感的封闭，一些学生不知道如何表达自己的思想，或者由于他人思想的封闭，不接受或不同意表达自己思想。很容易让那些尝试表达自己思想和情感的孩子感到沮丧，甚至有社交恐惧症，这将导致他们再次关闭他们的思想和情感。一旦开放的思想和情感再次被关闭，就很难再次打开它们。如果这种情况不能及时解决，随着时间的积累，学生容易患上焦虑症等心理疾病，这已成为高职院校突发事件的隐患。

3. 理想的美好和现实的残酷并存的矛盾

一般来说，高中毕业生进入大学校园带着美好的希冀，但随着对大学校园生活的深入了解，他们会发现实际的大学校园与他们原来理想的大学校园有很大的差距，尤其是类似于高中管理模式的高职院校学生社团活动的缺乏、课程内容的单一和不足，这些差距容易导致学生厌学。理想是丰满的，现实是骨感的。"骨感"的现实导致了学生"惰性"的滋生和传播，享乐主义、拜金主义等错误观念会乘虚而入，导致学生人生观、价值观的偏差。因此，一些学生对自己原来的学校和专业产生怀疑，在大学生活中"混日子"，甚至可能导致"厌世"，消极的生活态度也是高职院校突发事件的诱因之一。

4. 一些其他的学生个人原因

除上述三大矛盾外，高职院校其他学生的个人原因也容易引发突发事件，如攀比心理、生活环境、学生病史等。因为进入大学校园后，学生的经济状况非常不同。有些学生衣食无忧，但有些学生需要依靠助学金、助学贷款等国家补贴来完成学业，这必然会让一些学生，尤其是经济困难的学生产生攀比心理。由于经济差距，一些学生可能通过不正当手段获取资金，这很容易威胁到学生的生命和财产安全。

学生生活环境的差异可能成为校园突发事件的隐患。由于生活环境的影响，高职院校一些学生注重"兄弟情谊""江湖道义"的思想仍然比较顽固。此外，高职院校学生的法治观念普遍薄弱。当朋友的权益受到他人侵犯时，他们往往采取暴力等非法手段予以解决，这将明显增加高职院校突发事件发生的概率。

虽然国民经济持续发展，群众生活质量显著提高，学生患病的概率和类型也在减少，但仍有少数学生因遗传等原因有病史。通常情况下，这类学生在群体中保持沉默，并可能因自卑感而出现心理疾病。因此，教师应主动关注此类学生，建立良好的沟通渠道，防止因个人病史引起的心理问题引发校园突发事件。

第三节 高职院校突发事件的应对策略

由于高职院校突发事件具有紧迫性、危险性和突发性，高职院校应对突发事件的措施应具有应急性、预防性和灵活性。高职院校在应对突发事件时，应从突发事件发生前、发生中、发生后三个阶段入手，根据不同阶段的特点，采取有效的应对措施。笔者认为，高职院校采用事前预防、事中控制、事后处理的"三段论"应对方法，可以有效降低突发事件发生的概率，减少负面影响，提高处置效率。

一、建立事前预防体系

如何建立科学有效的预防体系是高职院校应对突发事件的重点和难点，也是其过程中最繁琐的环节。预防就是提前控制突发事件，减少突发事件造成的损失和影响。高职院校要充分发挥学校各部门的整体协调作用，促进重心下移、监督下移和力量下沉，建立完善的应急防范体系，把更多的资源和力量集中到应急预案上，关注、监测、预警和消除潜在的危机风险。同时，预防前阶段不是预防一种或一类突发事件，而是综合预防机制，注重各方各种资源、各种手段和力量的综合利用，并对高职院校可能引发突发事件的所有"隐患点"进行监测和调查，因此，建立和完善事前防范体系的工作量巨大且繁琐。

应急工作贯彻预防为主、预防与应急相结合的原则。因此，可以更好地说明，完善的事前防范体系能够有效地预防和避免突发事件的发生，把隐患扑灭在萌芽阶段。高职院校可以通过构建政府共建、责任部门联动、公众参与的高校应急防控新模式，形成防控合力。完善的事前防范体系可以有效提高高职院校师生应对突发事件的能力，最大限度地减少突发事件造成的危害。

以下几点是高职院校在预防突发事件中可以采取的策略。

（一）加强高职院校周边环境风险评估

加强对高职院校及其周边环境的风险评估，可以减少高职院校内部环境和周边环境引发的突发事件，从源头上降低高职院校发生突发事件的概率。

一是在高职院校内部进行风险评估，建立相应的风险指标数据库，动态监控可能引发突发事件的"隐患点"。首先，要对所有"隐患点"进行动态监测，这就要求全面了解高职院校可能发生的突发事件，然后根据突发事件的原因对"隐患点"进行检查。例如，危险化学品储存室不符合国家安全法规可能导致危险化学品泄漏；变电所电线老化可能导致触电；弱电室布线混乱或堆放杂物可能引发火灾。其次，对隐患点逐一排查，深入了解。根据时间、季节等不同因素，分析隐患点引发突发事件的概率。例如，春秋两季的干燥天气容易引发火灾；夏天的雨经常导致房子漏水等。

二是围绕高职院校开展风险评估，配合公安、消防、市场监管等机构，依托"天眼工程""雪亮工程"等政法委系统信息监控平台，调查校园周边环境的潜在风险。例如：KTV、酒吧等娱乐场所是否存在违法现象；网吧的消防设施和安全通道是否符合标准；餐厅卫生是否符合规定等。及时向执法机构报告校园周边环境中发现的潜在风险，并建议执法机构对存在潜在风险的场所采取限期整改等措施。同时，学校要在全校范围内宣传学校周边存在的安全隐患，及时提醒师生远离隐患，确保生命财产安全。

（二）成立高职院校紧急事件应对机构

鉴于现阶段我国高职院校师生缺乏综合能力和危机意识，在突发事件发生时，由于不知如何应对或处理不当，造成人员伤亡或财产损失，高职院校可以在现有应急管理部门应急体系、响应机制、预案体系等内容的基础上，结合本校实际情况，加强与政府应急管理部门的共建，应设立专门的应急部门。该部门可定期邀请应急管理部门的专家对全体师生进行安全教育和培训，通过讲座等多种形式的宣传教育，让师生从专业角度了解应对突发事件的科学方法，通过宣传教育视频、学校新闻稿、公告栏等方式，培养全体师生的危机意识，提高全体员工应对危机的能力。同时，高职院校设立的应急部门应熟悉学校及校园周边各种潜在风险点的情况，建立潜在风险目录，定期检查隐患点并监督整改，努力消除隐患或降低风险发生的概率，对发现但未处理或新发现的隐患及时、准确地进行宣传，提醒师生。

（三）增强高职院校学生自我保护意识

加强高职院校学生的自我保护意识，可以有效提高高职院校的校园安全水平，减少突发事件的发生频率。因此，提高大学生的自我保护意识是大学生走出校园、走向社会的必修课之一。

尽管大学校园被称为"小社会"，但学校和社会之间仍然存在巨大差异。学校仍然是学生的保护伞。当学生毕业进入社会时，他们面临着社会上各种各样的诱惑和陷阱，大学生缺乏自我保护意识，合法权益受到侵害。因此，自我保护意识的提高可以帮助学生减少进入社会后不必要的伤害，更快地适应社会，更早地融入社会，实现独立。

要提高学生的自我保护意识，首先要在新生入学之初开始培养学生的自我保护意识。通过开展法制教育等途径，培养大学生的法律意识，增强法治观念，学会运用法律武器保护自己的合法权益不受侵犯。第二，提高大学生的自理能力。随着"零零后"大学生进入校园，大学生自理能力差的问题日益突出。遇到问题时，首先想到的是找人帮忙，而不是自己动手。造成这种现象的原因与父母过度溺爱孩子密切相关。学生自理能力的高低在很大程度上反映了学生的生活态度。因此，作为新时期的大学生，他们不仅要武装自己的知识，还要提高自己的自理能力，培养生活的独立性。这不仅可以提高学生对突发事件的适应能力，还可以增强他们的心理承受能力。在学校方面，需要完善劳动教育课程，培养学生勤俭、奋斗、创新、奉献的劳动精神，以及对生活的积极态度。第三，在应届毕业生参加实习之前，高职院校可以依托"校企合作"和"校地合作"的模式为学生推荐一些实习岗位。在学校的参与下，企业和社区提供的实习岗位工作环境相对稳定，可以减少实习过程中各种问题引发的突发事件。最后，提高大学生的人际交往水平。从校园走向社会是从"小圈子"到"大熔炉"的转变。学生能否处理好复杂的社会关系，是学生综合素质和能力的重要体现。如今，许多大学生面对问题时，缺乏"透过现象看本质"的能力，遇到问题时很难做出正确的决定，因此很容易遭受损失。因此，提高大学生的人际交往水平，教会学生如何建立和维护良好的人际关系，可以帮助学生避免生活中一些麻烦，更好地保护自己的合法权益不受侵犯。

（四）完善高职院校教师职业道德教育

教师职业道德一般指教师在自己的教学活动中必须严格遵守的基本职业道德行为准则和基本职业道德，以及与基本职业道德素质要求相匹配的基本职业道德观念、情感和素质。教师职业道德教育的基本素质是教师对职业道德的基本认识、道德情感、道德行为和道德意志的内在有机联系和结合。

由于教师职业的特殊性，其职业道德具有教育性、示范性、先进性、继承性和职业导向性。此外，高职院校学生的世界观、人生观和价值观尚未定型，具有相当大的可塑性。通过高职院校教师职业道德对学生的熏陶和影响，可以有效地引导学生树立正确的三观，反之亦然。目前，一些高职院校的教师在职业道德方面存在一些问题。首先，受"拜金主义""享乐主义"等不良习惯的影响，一些教师的专业精神逐渐受到侵蚀。高职院校一些教师为了追求更高的物质利益，背离教书育人的初衷，专注于企业兼职，导致他们缺乏热情，在学校工作松懈，不能完成老师的本职工作。其次，一些教师有"做一天和尚撞一天钟"的观念，教学方法缺乏创新。他们没有认真备课，只是照本宣科。他们只为完成教学任务而教学，不考虑教学质量。甚至有些老师在课堂上"畅所欲言"，对一些问题发表不负责任的个人言论，很容易误导学生的思想。第三，部分高职院校教师缺乏榜样意识，不重视自身师德，上课随意，形象不佳。这些行为对心智尚未完全成熟的学生会起到不良的引导作用。

因此，加强教师职业道德教育，可以对学生的思想和行为起到正确的引导作用，帮助学生树立良好的世界观、人生观和价值观，提高学生辨别是非的能力，从而在一定程度上减少学校突发事件的发生。

如何准确发现高职院校教师队伍中存在的职业道德问题，开展有针对性的教育活动，加强高职院校教师队伍的职业道德建设，笔者认为可以从以下几个方面入手。一是提高教师思想认识，加强教师思想教育，增强教师的社会责任感。对教师的考核要求不再局限于学历、教学工作量和科研水平，而应延伸到思想层面。学校不仅要重视学生的思想政治工作，还要重视教师的思想政治工作，在教师层面上开展思想政治课，提高教师的思想认识水平。高职院校应当按照《中华人民共和国教师法》《中华人民共和国高等教育法》的规定，对高校教师和职工的职业道德提出明确要求，并根据学校实际情况形成书面要求，参照政府部门的责任状签署模式，与全体教师和员工签署师德责任书。同时，要敢于批评教师队伍中不符合教师职业道德建设的现象，严格纪律，落实要求，增强教师的社会责任感，建设一支具有良好职业道德的教师队伍。二是开展师德师风建设活动，营造健康向上的校风。以"不忘初心、牢记使命""廉政教育"等主题教育活动为契机，在主题教育的深入发展中提高师风师德建设水平。按时参加高等教育部门组织的师德建设培训，定期举办师德建设报告、优秀科研成果交流、教学经验研讨会等，达到教师自我完善的目的。第三，建立科学的师德培养机制。要把师德建设纳入教师队伍建设，制定明确的培训计划，加强师德建设，开展学习优秀典型活动，发挥典型的激励和示范作用，引导教师树立正确的职业理想和良好的职业形象。最后，建立公正客观的奖惩机制。为了进一步规范教师行为规范，培养良好的师德，高职院校要严格执行教育部《关于加强和改进新时代师德师风建设的意见》《教育部关于加强高等学校辅导员班主任队伍建设的意见》等文件的要求，建立与学校自身相适应的师德标准体系，制定和完善适用的师德标准，形成有组织的奖惩办法，对师德进行量化评价，将师德评价纳入年度评价体系，并将考核结果作为聘任、职称评定、薪酬晋升的重要依据记录在教师档案中。工作态度不端正，不履行职责，教书育人问题严重，违反师德的，要严肃批评、教育和处理，全面落实教师失范的"一票否决权"。

教师只有具备良好的职业道德，与尚未成熟的高职院校学生进行沟通，才能树立良好的榜样，引导他们走向正确的人生方向，从而减少高职院校突发事件的发生。

（五）建立高职院校应对突发事件预案

高职院校只有建立与各种突发事件相适应的规章制度和预案，才能在突发事件发生时有法可依。

建立和完善高职院校应对各类突发事件相关规章制度，不单单是一纸文字，其关键是落实安全责任，在形成规章制度的同时，务必要同时形成安全责任人体系，进一步明确人员分工，压实职责任务，将责任清单落实到纸面，严肃纪律，提高认识，要求各部门、各系负责人与"第一责任人"之间签订"责任书"，从"一把手"到"一线"，将校园安全问题层层落实，责任到人，如果有校园安全突发事件发生，可以追究相关安全责任人的责任。

建立和完善高职院校应对各类突发事件预案的目的是在第一时间给出应对突发事件的处置方案，防止二次伤害的发生，减少师生的生命财产损失。制定科学的应急计划，不仅要遵循国家计划编制规范的原则，还要综合考虑学校的办学条件、学生素质、学校及其周边环境。应急预案的制定应科学、合理、明确、有针对性和可操作性，只有合理配置学校资源，应急预案才能发挥作用。

（六）积极引入先进技术加强监管力度

随着"平安校园"概念的提出和"智慧校园"建设的深入，利用物联网等先进技术控制学生的行为变得更加容易。目前，许多高职院校已经实现了校园门禁、宿舍门禁、校园一卡通、校园网络全覆盖等先进技术的应用。利用物联网技术，在大数据平台的支持下，统一连接学校的各个方面，分析学生的学校行为，及时发现安全隐患。例如，某高职院校在智能校园平台上推出的一个模块，可以通过分析学生一卡通的使用情况和网络行为，初步判断学生是否在校、是否有网瘾、是否有不良网络行为等。管理员可以设置安全阈值。当学生的各种行为超过管理员设定的安全阈值时，智能校园系统会自动将提醒推送给学生安全负责人，以提高处理效率，节省人力投资成本，同时确保及时性。加强对重点学生的监督，及时预防和控制学生行为引发的校园突发事件的发生，构筑强有力的校园安全防线，把握突发事件源头底线，降低高职院校突发事件发生的概率。

二、加强事中控制能力

事中控制是"三段论"的第二步。其作用是在高职院校发生突发事件时，及时开展相应的处置、重建、安抚等工作，以减少突发事件造成的人员伤亡、财产损失等不良后果和次生衍生事件的发生。加强控制有以下几种主要方法。

（一）控制突发事件现场

在事件发生的初期，群体性突发事件主要以点为单位发生。如果不及时有效地预防和处理，突发事件将经历几次甚至几十次发酵，其影响和破坏力将呈指数级增长，影响范围从小到大，给应急处置带来很大困难。因此，高职院校发生突发事件时，安全负责人应在第一时间赶到事故现场，及时了解事故原因和过程，并根据应急响应机制和工作流程，在事件规模尚未扩大之前，配合其他安全负责人科学有效地控制应急现场，将可干预突发事件的规模控制在其能力范围内。在此过程中，重点控制突发事件的"始作俑者"，及时控制突发事件现场，保护受害者，疏散不明真相的围观者，避免突发事件负面影响进一步扩大。然后迅速向应急负责人报告事件应急的具体情况，并提出切实可行的建议，以减少后续过程中的压力，为妥善处理突发事件奠定基础。

（二）启用相应应急预案

应急处置有严格的时间要求，不得延误。因此，应急预案提前明确了校园各方的职责和响应程序，并在应急资源方面提前做好准备，是指导快速、高效、有序处理突发事件的主要依据。高职院校发生突发事件时，应根据突发事件的规模、类型和性质，及时启动相应的应急预案。一方面，有利于及时做出应急响应，把握应对突发事件的黄金时刻，节省大量时间，减少相关部门因时间限制等原因做出错误决策或选择错误处理方法。控制和防止突发事件进一步恶化，最大限度地减少突发事件的不利影响和人员财产损失。另一方面，它也可以测试所建立的应急计划的可行性。应急处理完成后，可以对应急预案执行中发现的不足进行修改、补充和完善。在此基础上，制定专项应急预案，不断完善和细化预案类型，提高应急预案的针对性。

通过前面的总结，高职院校突发事件大致可以分为几类：自然灾害突发事件、公共卫生突发事件、社会保障突发事件、学校管理突发事件、政治突发事件等，仅仅依靠已制定的应急预案是远远不够的，还应该对突发事件进行具体分析，制定科学可行的处置方案。相关负责人应在第一时间掌握应急现场的第一手信息，以便根据应急预案准确制定适用于突发事件的处置方案。通过科学的处置计划，我们可以最大限度地调动资源，弥补突发事件造成的人员和财产损失，减少师生之间不良情绪的产生。

（三）做好正确舆论引导

高职院校发生突发事件时，在正式宣布之前，学生往往会因为不了解实际情况而主观猜测，严重影响自己的判断，造成心理恐慌。有意识或无意识的信息交流都会导致虚假信息的迅速传播，这很容易让公众感到困惑。此外，随着自媒体的快速发展，各种传播渠道很快就会向新闻媒体传播错误信息。一些不道德的媒体为了赢得公众的关注、增加自身的流量和曝光率，会蜂拥到公众关注的敏感话题上，甚至将突发事件本身断章取义，恶意宣传"话题事件"，误导舆论方向。然而，当突发事件发生时，大多数高职院校由于缺乏科学有效的应急预案，忽视了舆论引导。面对新闻媒体的质疑总是保持回避态度，没有与媒体部门形成合作机制，缺乏通过权威媒体澄清真相的渠道，未能有效阻止与事实不符的言论的影响进一步扩大。这样一来，学校本身不仅失去了事件本身的主导权，而且更容易让新闻媒体对紧急情况做出虚假报道，导致更广泛的负面舆论。

因此，在突发事件发生时，学校必须做好舆论引导工作，加强与政府新闻机构、社会主流媒体、自媒体运营商等单位的沟通与合作，控制舆论引导。要充分了解突发事件的真实情况，在保证决策正确性的同时，保证信息交流渠道的畅通。及时、恰当地披露事件的真实情况、处置过程和处置进展，消除虚假现象，发出积极、及时、有效的声音，减少舆论对学校的负面影响。

让学校师生及时了解突发事件的真实信息，不仅可以稳定师生情绪，还可以保护当事人的合法权益，保护受害者免受网络暴力等问题的侵害。但值得注意的是，在通过媒体发布应急信息时，要注意披露程度，保护当事人的隐私，不要披露一些尚未确定的信息。同时，当信息公开时，我们可以提醒其他人正确处理此类紧急情况，以便更多的人能够了解相关的处理方法并提前预防，避免受伤。这相当于在全校乃至全社会开展一次应急方法的推广活动，可以减少下次此类突发事件造成的损失。

三、完善事后处理策略

作为"三段论"的最后一步，事后处理的目的是减少突发事件对高职院校的后续影响，进一步提高应对突发事件的能力。

高职院校应积极制定完善的事后处理策略，全面评估突发事件造成的损失，制定科学高效的恢复重建方案，合理配置恢复重建的人力、物力、财力资源，尽量减少突发事件的不利影响。改进后处理策略的主要方法如下。

（一）形成责任追究制度

高职院校突发事件处置工作完成后，要迅速开展调查总结工作。安全负责人牵头并配合相关责任部门对突发事件进行调查，分析原因、影响、恢复重建需求，形成调查报告并存档。在事故调查过程中，要明确事故的安全责任，追究相关责任人的责任，并根据突发事件的影响程度，对相关安全责任人进行不同程度的处理。同时，将处理结果公布给教师和学生，维护高职院校良好的社会形象。

（二）注重身心恢复工作

高职院校突发事件不仅会带来物质损失，还会给受事件影响的师生带来心理创伤。心理创伤具有持续时间长、潜在危害大、保密性强的特点。教师和学生的心理创伤往往导致教师和学生的消极表现，如焦虑、恐慌、抑郁等。因此，高职院校可以与当地心理卫生部门合作，形成合作机制，在突发事件发生后尽快对有心理问题的师生进行心理干预治疗。通过专业的心理知识，受心理问题困扰的教师和学生可以尽快回到正常的生活节奏。值得注意的是，心理创伤治疗不能通过一两次心理干预完全治愈。学校要形成跟踪机制，建立对突发事件有深刻影响的师生跟踪档案，确保他们走出突发事件的心理创伤。高职院校重视突发事件后的身心康复，可以有效减少突发事件造成的心理创伤等问题造成的二次伤害。

（三）做好恢复重建工作

高职院校突发事件造成环境设施损坏的，学校有关负责人应当科学、有序、高效地调动人力、物力、财力，在突发事件处理后的第一时间对损坏的设施进行修复和维护。在重建过程中，应分析设施的损坏原因。对于存在的问题和易损坏的部位，应重新设计和规划，提高其防损坏水平，避免类似事故再次发生。

（四）开展事后评估工作

高职院校应对突发事件的最后一步是对突发事件进行评估。通过对应对突发事件的步骤进行总结和分析，评估应对突发事件的方式方法是否科学有效，保留和推广有效的方法，改变替代效果差的方法，这也为下一次更好、更快地处理打下了良好的基础。

开展高职院校突发事件事后评价，要严谨务实，从源头上查找高职院校突发事件预防、应对和处置中存在的问题和不足，整改不足，进一步细化职责分工，强化各部门职责。建立定期总结推广机制，定期总结一段时间内的突发事件，更新完善应急历史数据库。只有这样，才能做到"居安思危"，增强师生的危机意识，降低突发事件发生的概率。

　　在应急处理系统的"三段论"模式中，事前预防、事中控制和事后处理三个方面并不是独立存在的。这三者之间的关系是相互依存和互补的。事前预防为事中控制和事后处理奠定基础；事中控制为事前预防和事后处理提供有效支持；事后处理是对事前预防和事中控制的总结和反馈。三者的有机结合可以形成一个完整的高职院校应急体系。

第八章 高职院校安全管理信息化研究

第一节　高职院校安全管理信息系统开发背景与价值

一、安全管理信息系统的开发背景

校园安全是高职院校顺利完成日常教学任务的前提。高职院校的校园安全工作主要涉及学校安保、校园消防、教职工和学生户口、校园交通、校园安全等方面。当前，高职院校的发展正在寻求更好、更高、更快的出路，特别是随着计算机技术的发展，高校校园工作的全面数字化乃至智能化，可以使高职院校在社会竞争中处于领先地位。因此，作为校园日常管理的重要组成部分，校园安全管理信息系统的设计与实现对高校管理的全面数字化具有重要意义，尤其是对于一些仍然使用简单办公软件处理日常事务的校园安全人员而言。

当前，随着知识经济的发展和我国社会主义市场经济体制的推进，高等教育迫切需要改革，以适应社会经济发展的需要。近年来，由于高职院校扩招，学生人数有所增加；校园周边环境也日趋复杂；进出校园内的车辆和人员逐渐增多；校园基础设施的建设、新项目的引进，以及建筑物和教学科研设备的消防安全隐患，也给确保校园整体治安稳定的安保工作带来了巨大压力。校园安全工作不仅是简单的校园安全巡逻，还要逐步走向多元化，需要人防、物防、技防三管齐下。新时期的校园安全工作不仅满足于原有的监控管理、安全巡查，而且逐步涵盖了师生户口管理、机动车信息管理、学校警卫管理、消防管理、武装征兵等多个方面。因此，为了适应时代发展的需要，高校安全工作的改革与突破需要随着高校的发展而发展。然而，当前的校园安全工作仍存在以下问题：一是各类工作资料仍以纸质档案的形式存放，不利于资料的查找、保存和统计；二是部分工作仍以手工操作为主，效率低下，信息反馈滞后，容易出现手工操作和统计错误；三是安保工作需要多部门协调，共同实施。现有的人工操作方法在信息收集等方面存在漏洞。此外，借助计算机网络实现无纸化办公所形成的社会氛围也逐渐为人们所接受。

因此，根据高职院校安全工作的实际情况，设计并在日常工作中引入校园安全管理信息系统。一方面，有利于学校教职工、学生和合作企业使用已建立的客户端登录系统，并通过系统前台进行信息查询和登记；另一方面，也有利于系统管理员和部门管理员通过系统后台上传、统计、保存和查询各种数据信息。校园安全管理信息系统对于校园逐步走向全面数字化具有现实意义，这对校园安全工作是非常必要的。

二、安全管理信息系统的开发价值

目前，从事校园安全工作的安保人员仍然使用简单的办公软件来处理日常工作数据和信息。尤其是现在学校扩招了，学生数量庞大；新员工人数较多，户籍调动频繁；学校与周围环境日益融合，进出校园的车辆急剧增加，增加了安保人员日常工作的难度和复杂程度。因此，安全管理信息系统的设计与实现可以为学校安保人员、教职工、学生和其他从事安保工作的用户带来以下便利：

1. 信息存储

摆脱简单的办公软件限制，实现无纸化办公，系统管理员可以将户口信息和车辆信息上传到系统后台，并使用服务器存储相关数据信息。

2. 信息查询

系统管理员、教职员工、学生等可以通过系统前后方便快捷地查询户口信息、车辆信息、消防安全信息、学校门卫信息等数据。

3. 商务咨询和预约

教师或学生等用户和系统管理员可以直接在系统平台上进行商务咨询和预约；

4. 信息登记

学校教职工、学生、合作企业可根据需要在系统上登记相关信息，方便后台管理员对信息进行归档。

总体而言，信息管理系统集成了教师户口管理、车辆信息管理、消防信息管理、学校门卫管理四项日常学校安保工作任务，为安保人员和学校工作人员用户提供了便捷的平台，大大提高了工作效率。这样，管理员和用户都可以直接在已建立的客户端上使用系统平台进行日常工作和业务处理，而不是原来的面对面工作模式和纸笔工作模式。安全管理信息系统投入使用，将有助于改善校园安全工作的现状。

三、安全管理信息系统的研究现状

目前，负责校园安全管理的职能部门往往注重各项实际安全工作的落实，而忽视信息的管理。安保工作的信息化程度远远落后于社会信息化，甚至落后于校园信息化。因此，利用网络技术实现系统化的信息管理迫在眉睫。视频监控在校园中的应用，不仅有助于学校的安全工作，也使校园安全工作进入了信息时代。视频信号的传输技术已逐渐从早期仅使用视频基带的方式转变为基于有线电视的同轴传输技术方向，使传输信号更加稳定。

2010 年，教育部率先创建了校园安全管理信息平台，主要用于中小学的信息管理。该平台使学生家长能够通过手机短信及时了解孩子的实时信息。学生家长、班主任和学校可以通过该平台直接联系和查询重要信息。然而，由于平台用户和高校安全工作的实际工作内容的局限性，很难在高校直接应用。随着信息时代的发展和计算机网络的广泛应用，涉及各个领域的信息系统应运而生。招生系统、图书管理系统、档案管理系统、学籍信息管理系统、企业生产管理系统都为不同领域的人员提供了便捷的工作模式。计算机网络技术的发展，取代了以往管理安全信息的手工操作方式，更利于安全工作的管理和沟通。

然而，随着 21 世纪高校的发展，校园安全工作的各个领域的发展情况也各不相同。因此，在应用现有安全工作信息系统的基础上，结合高职院校安全工作的实际工作范围，使系统的设计和应用更有利于高职院校的安全工作。

第二节　高职院校安全管理信息系统相关技术与理论

一、安全管理信息系统的相关技术

基于数字化校园理念开发设计的校园管理系统，涉及高校各院系师生和各级管理者信息管理的方方面面，目的是解决传统校园管理存在的操作繁琐、人工成本高、漏报可能性大、反馈不及时等弊端，弥补了校园数字化建设过程中容易遗漏的消防安全、机动车管理等环节。

（一）GOF设计模式

GOF，中文翻译为"四人组"。四人组由埃里希·伽马、理查德·赫尔姆、拉尔夫·约翰逊和约翰·维利塞德斯组成。他们共同撰写了一本书，详细描述了大约23种不同的设计模式，这本书也被后人称为"GOF书"，设计模式也被称为"GOF设计模式"。

设计模式之所以被称为设计模式并被大多数人广泛使用，是因为它是前人在无数编程过程中的经验总结，可以多次使用。不同的设计模式适合不同的需求，经过明确的分类，它们为大多数人所熟知。

目前，在代码编写过程中，我们可以使用23种设计模式，包括抽象工厂、构建器、原型等。由于现有的设计模式具有代码重用性、代码简单性和代码可靠性等优点，程序员在一个系统的设计过程中往往同时使用多个设计模式，以应对不同的需求转换，从而提高代码的使用效率。一些已经发布并为外界所知的设计模式可以被开发人员重用，这可以使他们在遇到问题时避免走弯路，防止类似错误的再次发生；他们还可以从前人的经验出发，站在巨人的肩膀上，从更全面的设计角度，参与软件开发和设计。

（二）面向对象

面向对象编程的发展是一个不断改进的过程。它包括编程、测试、分析等流程，是一种新的设计方法。这种方法将操作和数据封装到一个单独的实体中，并将大多数具有相似特征的对象归纳为类。因此，面向对象是一个客观的对象，它可以引用任何东西，可以理解为程序设计的需求。只有捕捉到用户的需求，系统才能知道发展方向，以满足用户的需求。

面向对象具有以下特点：

继承：指子类可以直接获取父类已有的属性和特征（数据结构），而无需重新定义，然后在已有继承的基础上添加新的特征，以满足自己的需要。并且可以共享一些通用的数据结构；

封装：对于一些复杂的系统，为了降低系统的复杂度，可以将整个系统分解为多个小对象，然后封装这些小对象。包中的对象数据或函数可以通过特定的接口获取；

多态性：对于封装的对象，它们应该通过各种接口连接，这些接口的各种实现形式称为多态性，它可以使封装的对象适应下一步的变化。多态性可以为不相关的封装对象提供同时满足其需求的服务。例如，男人可以开车，女人可以开车。通过"车"的界面，男女可以满足驾驶的需求，从而实现"车"界面的功能；

标识：不同的对象有自己独特的标识，在设计、测试和维护的整个生命周期内不会随对象本身而改变，不同的标识只适用于不同的对象。

面向对象以类为结构单元，具有以下优点：

开发效率高：因为面向对象的思想决定了一个项目可以分成多个组件，这有利于面向对象的特性，然后组装多个组件成为最终的需求目标。多个程序员可以同时设计组件，便于部署开发任务；

易于扩展：由于面向对象的封装特性，程序员可以直接修改或扩展需要修改的封装对象，而不涉及其他封装对象；

降低开发成本：面向对象实际上类似于古代活字印刷，将整个项目分组形成不同的封装对象，然后通过继承或组合形成目标项目。由于对象可以根据需要继承或组合，所以减少了系统开发时间、人力和物力的消耗；

易于维护：多态性决定了系统的可维护性。由于封装的对象通过多态性提供的接口共享一些数据，因此如果接口断开，则封装的对象完全处于一个独立且闭合的间隔内。这样，当程序员修改或维护其中一个对象的代码时，就不会涉及其他对象，这大大提高了系统的可维护性。

（三）PHP编程语言

PHP 是一种超文本预处理器和开源编程语言，PHP 与网络的发展密切相关，它起源于 1994 年，PHP 经历了一个不断创新、改造和升级的过程，以满足计算机开发环境的需要。PHP 在风格上类似于 C 语言，目前依然十分流行。基于自己的语法，它集成了 Java、C 和其他编程语言的优点。它具有动态网页执行速度快的特点。同时，它还具有 JavaScript 和 CGI 功能，支持通用操作系统和数据库。

PHP 编程语言的特点：

1. 免费开源

与其他计算机技术相比，PHP 编程语言可以免费使用，满足程序员需求的 PHP 编程软件可以在很多地方直接获得。

2. 实用性

由于 PHP 是一种新的跨平台、面向对象的 Web 开发语言，因此 PHP 结构简单，易于学习和理解。为了满足市场的需求，许多公司开发了适合 PHP 开发的 IDE 工具，大多数操作只要一个功能就可以实现。因此，无论是从软件开发者的设计和实现角度，还是从后期实现软件经济效益的角度来看，都是非常实用和可靠的。

3. 快速性

因为 PHP 集成了 Java、C 和 PHP 本身的新语法，所以打开网站的时间比普通 CGI 要短得多，功能也更强大。

4. 可扩展性

由于 PHP 的源代码是开放的，程序员可以在使用或编程过程中根据需要方便地向 PHP 添加函数。

5. 跨平台使用

PHP 作为脚本基于服务器，并依赖服务器来反映强大的功能。有许多服务器平台类似于 Apache，因此 PHP 作为脚本可以在不同平台上自由运行。

（四）MySQL 数据库

安全管理信息系统要合理地管理姓名、户籍号、户籍档案、联系方式、车牌号、部门职责、学校门卫值班、消防安全日常巡查记录。数据库作为管理文件信息数据的集合，可以理解为一个大容量的电子文件夹，具有强大的查询和调用功能。对于实验者来说，数据库是他们工作和学习的重要助手。数据库由于自身的优势，有着巨大的市场需求。因此，在很短的时间内，数据库得到了广泛的应用，数据库领域也逐渐受到许多研究者的关注。在 SQL 数据库中，MySQL 是一个具有多线程和跨平台优势的管理系统。

MySQL 数据库的优势：

1. 大存储空间和快速数据输入

每个数据表可以处理多达 5000 万条记录，写入数据所需的时间仅为 SQL server 的 1% 或更少。此外，对 SQL 查询算法进行了优化，有效提高了数据检索速度。

2. 源代码开源

源代码的获取和使用是开放和免费的，所以软件源代码的更新只需要按照每个人的目的进行。因此，它通常比一般的软件更新速度更快，更适合程序员的使用习惯。

3. 支持多线程、跨平台使用

支持多线程并发执行，与磁盘兼容性强，合理占用 CPU 和内存；它可以在系统的网络环境中以单独软件的形式使用，也可以直接嵌入系统软件中；MySQL 满足多种编译器测试，可以有效地移植到不同的平台，保证功能的正常运行。

（五）JavaScript 与 jQuery 描述

随着网络技术的发展，用户需要通过网络共享大量的信息资源。在早期阶段，缺乏动态性和交互性的超媒体技术已经很好地实现了客户的需求。JavaScript 是 Netscape 公司为满足动态网页制作的需要而开发的一种计算机编程语言。它有自己的基本语法，是一种浏览器执行嵌入在 HTML 语句中的 JavaScript 的基本语法。借助 JavaScript，客户可以直接在客户端（Web 浏览器）上进行业务交互，客户端程序可以直接处理业务需求，即客户的需求指令不需要通过客户端，直接将需求信息传输到服务器进行需求处理，然后通过网络将处理结果返回给客户端。

因此，JavaScript 有以下优点：

它可以用作面向对象的语言：JavaScript 可以使用一些现有的对象。

可以跨平台使用：由于 JavaScript 连接到客户端（web 浏览器），并且不限于操作环境，任何可以使用 JavaScript 的浏览器都可以使其正常运行，因此可以在任何符合条件的客户端上进行移植。

它可以快速处理客户需求，提高服务器性能：客户端可以直接处理需求，而无需将需求传输到服务器，然后服务器处理需求，以减少 CGI 交互和验证的时间，减轻服务器的压力，提高服务器的性能。

解释性语言：与 C、Java 等使用前需要编译的语言不同，JavaScript 的语法结构与之类似，但只需要在使用过程中进行解释。它不需要先编译。结合 HTML 标识，操作方便。

相对安全性：JavaScript 不能将信息数据存储到服务器中，只能借助客户端浏览器实现动态交互和信息浏览，确保系统访问的合法性，避免数据的任意删除和修改。

随着 JavaScript 的广泛应用，用户不仅可以根据实际情况控制 HTML 元素，还希望简化操作代码，使编程过程更加简单明了。在程序设计过程中，可以使用 jQuery 和 JavaScript 来实现 jQuery 的功能，这是在程序设计过程中产生的。

jQuery 的优点：

它是一个轻量级的 JavaScript 库，大小只有 21k，可以满足大多数程序员的编程工作。

页面和脚本分离：页面和脚本不再混合在一起。页面代码非常灵活，以避免代码混合，这使得维护变得困难。

jQuery 提倡使用尽可能少的代码来完成尽可能多的工作。因此，程序员只需编写少量代码，就可以在不受浏览器限制的情况下获得意想不到的结果。

二、安全管理信息系统的对象需求分析

在系统开发过程中，开发方案是否需要反复修改，与程序员能否准确获得用

户的实际心理需求密切相关，否则只会造成资源的巨大浪费。因此，明确了解客户的需求和系统的具体功能，可以构建更合理的系统。需求分析的目标是建立一个真实的模型，供其他人理解。因此，解决问题的过程总结如下：系统要做什么（what）→什么人去做（who）→怎样去做（how）→什么时候去做（when）→做的前后关系（order）。

本需求分析基于面向对象的软件开发方法，以高职院校安全管理信息系统的使用对象为咨询对象，包括：学校系统管理员、二级管理员、学生、教师、学校合作企业、学校业务承包单位等。需求流程的最终目标是实现每个功能模块中每个用户的功能需求。

为了进一步优化校园安全保卫工作，根据实际情况，该系统主要包括四个模块：教师户口管理、校园机动车辆管理、学校门卫管理和消防管理。从整个管理系统来看，涉及的服务对象包括学生、教职员工、校内合作企业、校内商业承包商（美食街、食堂等）、各职能部门的消防管理员以及使用后台系统服务端的校级和二级系统管理员。用户可以通过系统进行登记户籍资料、查询户籍资料、查询户籍进展情况、办理智能卡、户籍业务预约、查询门卫值班、填写消防重点场所登记表、填写消防安全检查记录等。此外，具有不同管理权限的后台管理员可以使用后台服务器进行账户权限管理、户口信息管理、车辆信息管理、消防安全档案管理、学校门卫数据上传、反馈业务信息处理、数据统计、系统维护和综合查询操作。

一般来说，学生、教职工、学校合作企业、学校运营承包单位（美食街、食堂、小店等）和消防管理人员可以在网络环境下使用户口、机动车、学校警卫、消防、账户管理、业务沟通和咨询等功能。各级不同权限的管理员可以使用该系统快速查询、管理、统计、删除和添加学校机动车辆和教职员工信息，及时反馈业务处理进度，对各部门的消防安全档案进行归档，并对各单位的消防工作进度进行监督。

该系统包括账户管理、户口信息、车辆信息、门卫信息、消防信息、通信咨询六大功能。使用前台客户端的用户主要分为学生、员工、合作企业和合同管理场所（美食街、食堂、小店等），使用系统后台客户端（以职能部门和学院为单位）的用户主要为各院系（系）消防管理员、学校系统管理员和二级管理员。

根据校园安全管理信息系统的功能背景，结合用户使用、环境等实际运行情况，从易用性、稳定性、可扩展性、安全性和效率等方面分析了系统的非功能性需求。

易用性：以用户为中心，结合视觉、互动、情感等综合感受，使软件能够更轻松、高效地适应用户的使用需求和习惯。系统的使用对象包括教职工、学生、学校合作企业、学校业务承包单位（食堂、美食街等）和各级系统管理员。使用对象广泛，使用对象的文化水平参差不齐。因此，有必要考虑系统的页面操作更简单和更容易操作；此外，系统的操作步骤也应便于用户了解和学习，即客户端的前后操作应易于理解、学习和操作。

安全性：安全性是软件设计过程中不可忽视的问题，开发人员必须重视安全性。作为本专著研究的一个信息管理系统，它涉及户口信息、车辆信息、消防信息等重要信息的存储和查询。由于许多信息涉及校园内师生和企业的隐私，我们必须充分考虑系统在网络中可能遇到的风险。因此，应该考虑入侵检测、信息加密、防火墙、数据备份等安全机制的结合。

稳定性：即系统在实际运行过程中的可靠性，指系统在一定时间范围内正常运行的能力。由于系统是教师、学生和其他客户使用的，除了正常维护时间或特殊情况外，还需要每周7天、每天24小时不间断地可用，以满足用户在任何时间段内的使用要求；同时，还应考虑到，当超过数百名客户同时登录系统进行功能操作时，系统仍能保持正常性能。

可扩展性：根据现有功能需求设计开发，基本满足当前客户的应用需求。然而，随着业务的发展、时代的进步、新工作内容的出现、新用户需求的出现或现有功能的改进，系统需要升级以扩展应用功能。因此，程序员必须考虑到这一特性，并通过脚本、模块化平台等提高系统的性能。

效率：在正常情况下，用户将以客户端的数据显示和数据查询速率来评估系统的效率值。例如，信息系统应该考虑到在实际操作中，从客户信息查询到查询结果的过程在几秒钟内完成，并且建议在不考虑网络速度的情况下将客户端连接到Web浏览器的时间被推荐在15秒内完成。

三、安全管理信息系统的可行性分析

在系统开发之前，必须考虑系统的开发和应用是否能够满足客户的需求，是否能够简化现有的工作流程，是否能够产生一定的经济效益，是否能够满足现有的开发环境。系统的可行性分析有助于避免系统盲目开发导致系统功能与客户需求不一致或难以应用于现有客户环境，避免经济、人力资源、设备等方面的损失。

因此，在设计之前，结合现状，从技术、经济、运行和应用环境等方面对系统进行可行性分析，将有助于整个系统项目更具科学性、适用性和可靠性。

针对安保工作中信息管理的不足，高职院校需要设计并实现一个多功能的信息管理系统，包括户籍信息管理、车辆信息管理、门卫管理和消防管理，从而实现校园的全面数字化，保证网络自动化的真正工作。综上所述，设计和实施本安全管理信息系统的目的是解决当前安全工作运行模式带来的数据存储不合理、信息反馈不及时、信息管理效率低下、业务处理不方便等问题。

通过对系统的需求目标、设计方案和成本效益进行可行性研究，从系统的技术、经济、需求和运行四个方面进行可行性分析，得出以下结论。

1. 技术可行性

本系统所涉及的 MVC 架构设计模式、PHP 编程语言、MySQL 关系数据库等开发技术具有强大的功能和优势，使本系统具有良好的通用性和可扩展性，能够充分满足本系统的开发需求；用户可以在浏览器的帮助下登录系统并使用系统的功能，对浏览器的使用没有特殊限制；此外，开发人员在系统开发、系统安全等方面具有一定的经验和能力。因此，该系统在技术上是可行的。

2. 需求可行性

在设计初期，经过全面的需求分析，咨询相关人员，参考专家意见，系统在功能需求上完全满足了使用对象和实际工作内容的工作需求，在功能需求上是可行的。

3. 操作可行性

校园安全管理信息系统是针对学校当前的安全工作而开发的，以学校教职工、师生、合作企业等为使用对象。因此，操作页面设计更强调人性化，操作页面简单易懂，每个操作功能都有详细的操作说明，用户可以快速熟悉系统操作，此外，在系统充分使用之前，集中培训后，组织全校各职能部门管理人员上岗；目前，基本实现了网络办公，有利于系统的充分利用。因此，该系统在运行中是可行的。

综上所述，该系统的可行性研究和分析表明，该系统在技术可行性、需求可行性和操作可行性方面是可行的。

第三节　高职院校安全管理信息系统设计

为了提高系统的可靠性、安全性、可扩展性和可维护性，系统进行了一系列软件设计，包括软件架构设计、软件模块化设计、相关业务逻辑设计、数据库 ER 图设计等，下面将简要介绍软件设计过程。

一、安全管理信息系统的架构设计

考虑到整体的方便性和投资成本，系统架构采用 B/S 结构进行设计和实现。B/S 结构是目前比较成熟的网络结构模式，简化了系统的使用和维护。目前，很多页面更新频率高的应用（应用）也采用类似的思路进行开发，以达到与服务器同步更新的目的。

B/S 结构系统使用非常方便。用户可以通过浏览器访问系统并执行一系列操作。

软件架构设计有很多种。从理论上讲，它分为五种主流架构设计：逻辑、物理、操作、开发和数据。从逻辑角度出发，其架构设计中最重要的权衡是各个组件之间的关系，如用户使用系统功能时的操作界面、软件本身需要使用或借助其他外部系统时的数据界面、业务功能中的逻辑元素等。在开发初期，系统一般根据功能特点分为三个级别，如下所示：

1. 应用层

界面用户组件主要由 HTML、CSS3、JavaScript 和 JavaScript 库 jQuery 开发，其中输入输出逻辑由 Ajax 和 JavaScript 开发。异

常监控是在复杂的网络环境和浏览器环境中采集前端代码异常，从而提高系统兼容性和稳定性的系统。

2. 子系统由多个业务层组成

主要同时满足多个业务层的需求。在权限管理方面，系统采用了较为流行的 RABC 策略，其中角色设计包括：学校管理员、部门管理员、教师、学生等。

3. 业务持久层

在数据存储方面，根据工作经验总结，系统采用两台服务器来满足系统的正常运行，即 Web 服务器和资源服务器，图片和大文件放在资源服务器中。同时也是为了避免并发数据的影响。

二、安全管理信息系统的分层设计

在开发阶段，系统采用 ThinkPHP 框架进行开发，采用典型的 MVC 模式。MVC 模式确保了代码的可维护性。例如，修改视图代码不会影响模型代码。在信息传输方面，V 与 C 通信，C 与 M 通信，M 与数据库通信。

在模型层，重点是关联、保存和删除数据库。例如，上传、查询和修改消防系统消防内容的数据库信息。系统的基本数据库操作在模型层的帮助下完成。

控制器是用户与界面交互时生成的一系列指令，发送给控制器，控制器调用一系列处理来调用模型层。如果进入户口管理控制器，我们需要先进行权限认证，然后确定要调用哪些模块，如果权限不足，则进行友好提示。

视图层是与用户直接接触的层。在向用户展示基本信息的同时，还需要美观的界面和更好的操作体验来满足用户的需求。除了编写代码外，视图层的开发还进行了一系列的 UI 设计，以达到美观的效果。同时，使用 AJAX、JavaScript 和 jQuery 与服务器进行实时交互，以改善用户体验。例如，输入账户将判断该账户是否存在并给出提示。

三、安全管理信息系统的模块设计

在软件开发的早期阶段，在对系统进行详细设计之前，有必要确定软件的总体结构，从而进一步保证软件的质量，提高软件开发的效率。软件结构设计就是解决这类问题的一种方法。其主要目的是对数据流图进行转换和分析，最终建立软件结构。

结构设计方法主要分为转换流程和交易类型。变换流程图（DFD）具有明显的输入输出和加工变换中心。系统的处理是通过计算和处理将初始物理输入和最终物理输出转换为逻辑输入和输出。

设计过程中的系统结构是一种面向系统内部数据流的研究方法，在软件分析和设计过程中借助系统的信息流来完成。结构化设计的特点是自上而下分解，以层次为单位。它可以逐步分析和简化复杂的软件，这更有利于软件分析。主要分析对象是数据和转换过程。

在面向数据流的结构分析中，主要通过数据流图、数据字典和处理描述来解释。在分析过程中，首先要明确系统的边界，并根据项目需求进行总体分析。该系统中的外部实例包括用户、二级管理员和学校管理员（超级管理员）。

经过一系列的需求分析，通过一系列的需求发现技术，如"反省""小组会议""对话""观察"等。由于系统涉及的文件，如户籍档案、消防档案，以及智能卡实体卡的处理，都是由管理员在系统后台操作的。因此管理员是系统的外部实体之一，而文档处理等其他过程是外部处理，不属于系统逻辑的一部分，因此它们不会列为系统的外部实体之一。

由于系统中有许多外部数据源和数据池，并且系统本身有多个子系统，本文将简单介绍系统的顶层设计。

模块化设计是以简化软件的复杂性为行动指南。软件简单明了，可进一步提高系统的可控性、可扩展性和稳定性。由于该系统涉及校园安全管理的方方面面，系统的复杂性很高。根据对系统功能和工作经验的分析，整个系统根据需要分为六个重要模块：户籍管理模块、机动车管理模块、用户辅助（通信咨询）、门卫管理模块、账号管理、消防安全管理模块，并根据不同模块的特点设计了相应的API，通过API实现模块间的通信。目的是尽可能减少模块之间的耦合。

四、安全管理信息系统的数据库设计

数据库设计是软件设计的重要组成部分，关系到系统模型层的开发。同时，数据库设计的质量也会显著影响软件的运行效率等。在本系统的实现过程中，通过大量的因素权衡分析,决定采用关系数据库 MySQL 进行开发。在数据库设计阶段，为了使数据库设计更加科学合理，对数据库进行简单的 ER 图建模，最终得到数据库的逻辑模型。

系统包含多个数据表，包括：管理员用户表、户籍信息表、车辆表、学校信息表、留言表、消防管理单位基本情况表等。为了规范数据库的设计，在字段前面添加了表拼音的首字母。由于数据表数量众多，本文将选取其中一些进行解释。

户口信息表用于记录户口数据，其中成员分别为学生、教职员工和教职员工，以及其他三种类型，分别用 0、1 和 2 表示。户口信息表主要与户口子系统模块相关，根据系统业务进行一系列业务逻辑操作。

车辆信息表主要用于系统的机动车辆管理模块，用于记录进出校园的机动车辆信息，如车主姓名、车牌号、联系方式、单位、智能卡号等。为了规范机动车管理，需要对机动车登记时进行相关操作的管理人员进行记录。

消息表用于存储用户在消防安全管理模块和学校警卫管理模块等模块中留言时的信息。主要基于 ly_Type 字段用于区分消防安全管理模块内容中的 0、1 是学校管理模块的存储内容，2 是其他模块的存储内容，3 是车辆管理模块的存储内容，4 是户籍管理模块的存储内容。

五、安全管理信息系统的安全机制

软件生命周期中存在许多不确定因素，可能会对系统、软件、服务器等造成灾难性的破坏。如服务器物理破坏、网络安全攻击、数据库入侵等。因此，无论是在软件开发阶段还是运营阶段，管理者都应该有相关的安全意识，以防止灾难性后果和无法挽回的后果。

在软件开发过程中，尤其是在升级或修改已发布的软件时，应尽量避免直接修改服务器上公开的程序，以避免意外后果。我们应该创造一个完全独立于生产环境的环境进行开发，只有当我们确认测试结果正常时，我们才能替换现有系统中的文件，以最大限度地降低整个系统程序出现异常情况的概率，避免甚至消除系统的突然不稳定，维护整个系统运行环境的平衡和秩序。

为了保证系统数据的安全，我们应该从软件和物理两个层面采取相应的防范措施。在软件方面，我们应该确保数据是正式和安全的，然后才能正常访问、读取和写入。由于系统采用 MySQL 数据库，系统设置了权限。设置脚本的设计要求是满足主机的使用，并赋予主机唯一的访问权限。

同时，为了避免数据库中出现意外的紧急情况，如数据库操作异常、格式化或服务器物理故障，导致数据丢失。在系统运行阶段，应及时对系统进行备份。如有必要，应每周进行冷备份，并在其他位置备份数据库数据，以防发生事故。

六、安全管理信息系统的异常处理机制

如果在软件运行中有许多不同的突发异常，则很难避免。目前，程序中嵌入了异常监控。如果出现程序异常，系统将生成相关日志，并对前台页面进行友好提示。系统维护人员每天收集异常并在开发环境中修复后，可以根据异常情况确定何时更新和维护系统。目前，管理员通常至少每月维护一次系统。

在服务器的日常运行中，一些硬件可能会出现异常情况，例如高强度的互联网攻击。因此，当服务器硬件运行异常时，系统会及时向手机或系统维护人员发送短信或邮件。提醒相关系统维护人员在第一时间测试服务器的安全性能，并处理发现的意外问题。

同时，服务器将每天监控软件和硬件，并生成日志。维护人员必须在规定时间内阅读相关日志信息，以掌握服务器的状态。

该系统有一个消息系统。当用户在使用过程中出现异常程序或界面时，可以通过系统向管理员发送相关信息。管理员将收集这些信息并交给维护人员处理，并在一定时间内根据异常情况对系统进行升级和维护。

通过管理系统，校园安全的日常操作已经取代了原来的手工操作。用户可以使用该系统进行户籍、机动车、学校门卫、信息、消防、信息交流、账户管理等业务操作。更有利于文件保存，节省业务沟通时间，减少数据统计错误。对实现无纸化办公和数字化校园具有现实意义。此外，在系统设计和实现过程中，通过收集和交换数据，丰富了自己的知识存量，拓展了自己的视野，为以后的工作和学习奠定了更坚实的基础。

在这个系统中，用户可以通过系统的前端和后端执行某些业务操作。当然，该系统也可以移植到其他客户的使用环境中。然而，由于在该系统的早期阶段进行了有针对性的需求分析和设计，它不一定适用于所有客户的需求。因此，借助未来的维护和升级机会,该系统有以下方面需要改进:职能范围狭窄。根据安保工作的实际需要,可增加武装征兵、监控管理和综合消防管理功能;缺乏业务、数据和资料与其他业务系统的直接交互。通常需要导出数据,然后将其导入到系统中,这很难实现资源共享。如办理汽车卡过程中与银行系统的刷卡、消防管理系统与消防管理系统中上级消防单位管理系统的信息连接、监控系统的管理、学生门禁系统的管理等。

参考文献

[1] 邱浩."平安校园"建设视角下高校安全管理体系构建研究[D].北京:中国人民公安大学.

[2] 安博.平安校园建设视域下的高校学生安全管理研究[J].吉林省教育学院学报,2022,38(06):49-52.

[3] 冯广辉.加强高校安全保卫工作的重要性分析——评《新时期高校安全保卫工作创新研究》[J].中国教育学刊,2022(06):137.

[4] 赖汉江,郑俊杰,陈志波,等.新加坡南洋理工大学实验室安全管理及启示[J].实验技术与管理,2022,39(05):250-254.

[5] 席海涛,聂文博,李兆阳,等.高校实验室安全管理全口径准入机制建设探索与实践[J].实验技术与管理,2022,39(04):210-214.

[6] 李士明,张家栋.高校实验室安全管理信息的思考[J].实验技术与管理,2022,39(02):239-242.

[7] 曾译萱,罗占收.高校科研实验室安全教育与考试系统建设探索[J].实验技术与管理,2021,38(12):266-268+272.

[8] 张春生,董良飞,石文,等.HACCP在高校食堂食品安全管理中的应用[J].食品工业,2016,37(09):191-193.

[9] 王安琪,黄可慧,刘阔阅,等.北京市部分高校食堂面制食品铝污染及学生铝食用安全KAP调查[J].中国学校卫生,2016,37(01):27-29.

[10] 李艳,陈新亚,孙丹,等.从"透明人"到"践行者":高校信息安全面临的挑战与应对——《2021地平线报告(信息安全版)》之启示[J].远程教育杂志,2021,39(03):11-19.

[11] 肖木峰,王亚楠,于海波,等.基于Pathfinder的高校公寓学生群体应急疏散研究[J].住宅科技,2022,42(04):55-59.

[12] 郑亚梅."三全育人"机制下高校学生公寓文明实践中心建设探究[J].高校后勤研究,2021(05):26-28+32.

[13] 赵晓军,刘效凯.高校学生公寓社会化服务进程、问题及对策研究[J].高校后勤研究,2020(12):5-7.

[14] 刘军,孙百鸣.完善顶岗实习全过程管理[J].人力资源,2022(10):104-105.

[15] 陈永春,王庆生.高校突发事件应急管理的现实困境与解决路径[J].浙江理工大学学报(社会科学版),2022,48(02):238-245.

附录一：调查问卷

您好，我们正在做关于高职院校安全管理方面的研究。我们编制了一份问卷对您所在院校的安全管理问题的基本情况进行调查。此问卷采取不记名的方式，调查结果仅用于学术研究，不涉及您本人和您所在学校的评价，同时对您的信息绝对保密。您的意见可以帮助我们更好地了解高职院校安全管理的现状、问题以及相关人员的真实想法。问卷均为匿名填写，大约占用您2~3分钟时间，十分感谢您的参与。

第一部分：安全意识方面

作为大学生，您认为安全防范意识是否重要？
A. 重要　　B. 一般　　C. 不重要

请问您是否学习过有关大学生安全防范的知识？
A. 经常　　B. 偶尔　　C. 没有

当您最后离开寝室时，会关拔掉用电设备的插头吗？
A. 经常　　B. 偶尔　　C. 没有

当您最后离开寝室时，是否检查寝室门窗是否已关好吗？
A. 经常　　B. 偶尔　　C. 没有

您了解过正确的疾病急救措施吗？
A. 经常　　B. 偶尔　　C. 没有

您了解过网络贷款的危害吗？
A. 经常　　B. 偶尔　　C. 没有

当网友询问您的经济情况、家庭住址、手机号码等信息时您是否会告诉他呢？
A. 经常　　B. 偶尔　　C. 没有

您在过马路时，会遵守交通规则吗？

A. 经常　　B. 偶尔　　C. 没有

您认为校园内的网约车和共享单车是否存在安全隐患？

A. 经常　　B. 偶尔　　C. 没有

第二部分：人身安全方面

您在校内吃饭时，是否出现过因饭菜卫生问题而引起的身体不适？

A. 经常　　B. 偶尔　　C. 没有

您听说过所在院校发生过肺结核、出血热等传染疾病吗？

A. 经常　　B. 偶尔　　C. 没有

您所在院校发生过学生打架斗殴事件吗？

A. 经常　　B. 偶尔　　C. 没有

您在运动项目或实训课程中受过伤吗？

A. 经常　　B. 偶尔　　C. 没有

您所在学院门口发生过交通事故吗？

A. 经常　　B. 偶尔　　C. 没有

您在校内见过网约车或者共享单车引发的交通事故吗？

A. 经常　　B. 偶尔　　C. 没有

您认为自己有心理问题吗？

A. 经常　　B. 偶尔　　C. 没有

第三部分：财产安全方面

您在寝室丢过钱、手机或其他贵重物品吗？

A. 经常　　B. 偶尔　　C. 没有

您在寝室使用过热得快、电热毯等电器吗？

A. 经常　　B. 偶尔　　C. 没有

您寝室来过推销商品的外来人员吗？

A. 经常　　B. 偶尔　　C. 没有

您所在学院发生过火灾吗？

A. 经常　　　B. 偶尔　　　C. 没有

您是否在校内因上当受骗而损失过钱财？

A. 经常　　　B. 偶尔　　　C. 没有

您是否有过被电话或者网络诈骗的经历？

A. 经常　　　B. 偶尔　　　C. 没有

您是否尝试过网络贷款？

A. 经常　　　B. 偶尔　　　C. 没有

第四部分：学院管理方面

当学生在校内发生安全问题时学院会及时处理吗？

A. 总是　　　B. 有时候　　　C. 从来都不

您所在学院是否进行过疾病预防的讲座？

A. 经常　　　B. 偶尔　　　C. 没有

您所在学校进行过消防演练等类型的安全教育吗？

A. 经常　　　B. 偶尔　　　C. 没有

您所在学院是否禁止学生使用大功率电器？

A. 经常　　　B. 偶尔　　　C. 没有

您对您所在学院的安全教育满意吗？

A. 满意　　　B. 一般　　　C. 不满意

您认为您所在学院的心理健康中心起到应有的作用了吗？

A. 很大　　　B. 一般　　　C. 没什么作用

您对学校食堂的卫生情况满意吗？

A. 满意　　　B. 一般　　　C. 不满意

您认为学校周边有潜在的安全隐患吗？

A. 经常　　　B. 偶尔　　　C. 没有

附录二：访谈提纲

您好，我们正在做关于高职院校安全管理方面的研究。下面是一份有关高职院校安全管理工作的访谈提纲，此提纲仅用于学术研究，不涉及您本人和您所在学校的评价。对您的信息我们会做到绝对保密，希望您对我们的调查和研究给予支持。您的意见可以帮助我们更好地了解高职院校安全管理的现状、问题以及相关人员的真实想法。对此我表示诚挚的感谢！

一、对学院领导的访谈提纲

1. 您是否参与到了高职院校安全管理工作中？
2. 您可以谈谈贵校安全管理工作的运行机制吗？
3. 贵校在安全管理方面的投资有多少？
4. 您觉得目前您所在学院的安全管理工作足够完善吗？
5. 在高职院校安全管理工作中，您认为哪些方面较为重要呢？
6. 在安全管理过程中，排除安全隐患非常重要，您认为哪些安全隐患最容易被忽视？
7. 贵校利用哪些现代教育技术的软件或工具对学生进行安全管理？
8. 目前在校的学生一般都是00后，个性突出，但心理相对脆弱，不容易承受压力，因此可能会产生一些心理问题。请问贵校是如何解决学生因为失恋或就业而引发的心理问题的？
9. 您所在院校的对于学生的安全教育工作开展情况如何呢？
10. 您对高职院校安全管理工作有什么意见或者建议呢？

二、对保卫处工作人员的访谈提纲

1. 您认为当前学校整体安全形势如何？
2. 您了解高职院校安全管理的内容吗？
3. 您目前所在院校的安全管理工作存在哪些难点？
4. 您认为您所在院校的保卫队伍整体建设水平怎么样？
5. 您认为您所在院校的安全管理组织机构建设情况如何？
6. 您认为您所在院校的人防物防技防的建设情况如何？
7. 您认为您所在院校的的考评机制是否完善？
8. 您对高职院校安全管理工作有哪些建议？

三、对学生的访谈提纲

1. 您在学校学习和生活有安全感吗？为什么？
2. 您有没有安全意识？具体体现在哪些方面？
3. 您具备哪些自我保护的技能？
4. 您在学院内丢过物品吗？可以描述一下具体过程吗？
5. 您对信息安全知识了解吗？
6. 您觉得自己心理健康是否健康？为什么？
7. 您会使用灭火器吗？您懂得消防安全知识吗？
8. 您对学校寝室的管理制度有什么看法？
9. 您了解学院制定的安全管理的制度吗？

四、对校属其他单位工作人员的访谈提纲

1. 您是否参与到了高职院校安全工作中？
2. 您认为您所在院校的安全管理信息化建设情况怎么样？
3. 您认为您所在院校安全管理工作有哪些不足？
4. 您所在部门具体遇到过什么安全问题吗？

图书在版编目（CIP）数据

高职院校安全管理理论与实践 / 梁伟,刘骞著.——长沙：湖南师范大学出版社，2022.11

ISBN 978-7-5648-4767-8

Ⅰ.①高… Ⅱ.①梁… ②刘… Ⅲ.①高等职业教育-安全管理-研究-中国 Ⅳ.①G717.4

中国版本图书馆CIP数据核字（2022）第231043号

高职院校安全管理理论与实践

梁伟　刘骞　著

出 版 人｜吴真文
责任编辑｜彭　慧
责任校对｜胡　雪

出版发行｜湖南师范大学出版社
　　　　　地址：长沙市岳麓区麓山路36号　邮编：410081
　　　　　电话：0731-88853867　88872751
　　　　　传真：0731-88872636
　　　　　网址：https://press.hunnu.edu.cn/
经　　销｜湖南省新华书店
印　　刷｜湖南省美如画彩色印刷有限公司

开　　本｜787 mm×1092 mm　　1/16
印　　张｜12.75
字　　数｜240千字
版　　次｜2022年11月第1版
印　　次｜2022年11月第1次印刷
书　　号｜ISBN 978-7-5648-4767-8

定　　价｜48.00元